图解服务的细节

108

日本一の変人経営者

不可战胜的夫妻店

咖喱店CoCo壱番屋

[日] 宗次德二 著

石露 译

人民东方出版传媒
People's Oriental Publishing & Media

东方出版社
The Oriental Press

图字：01-2020-6307 号

NIPPONICHI NO HENJIN KEIEISHA
By Tokuji Munetsugu
Copyright © 2009 Tokuji Munetsugu
Simplified Chinese translation copyright © 2020 by Oriental Press
All rights reserved.
Original Japanese language edition published by Diamond, Inc.
Simplified Chinese translation rights arranged with Diamond, Inc.
through Hanhe International (HK) Co., Ltd.

中文简体字版专有权属东方出版社

图书在版编目（CIP）数据

不可战胜的夫妻店：咖喱店 CoCo 壱番屋／（日）宗次德二 著；石露 译. —北京：东方出版社，2021. 1
（服务的细节；108）
ISBN 978-7-5207-1869-1

Ⅰ. ①不… Ⅱ. ①宗… ②石… Ⅲ. ①餐馆—连锁经营—经验—日本 Ⅳ. ①F719. 3

中国版本图书馆 CIP 数据核字（2020）第 240870 号

服务的细节 108：不可战胜的夫妻店：咖喱店 CoCo 壱番屋
（FUWU DE XIJIE 108: BUKEZHANSHENG DE FUQIDIAN: GALIDIAN CoCoYIFANWU）

作　　者：［日］宗次德二
译　　者：石　露
责任编辑：崔雁行　高琛倩
出　　版：东方出版社
发　　行：人民东方出版传媒有限公司
地　　址：北京市西城区北三环中路 6 号
邮　　编：100120
印　　刷：鸿博昊天科技有限公司
版　　次：2021 年 1 月第 1 版
印　　次：2021 年 1 月第 1 次印刷
开　　本：880 毫米×1230 毫米　1/32
印　　张：7. 125
字　　数：130 千字
书　　号：ISBN 978-7-5207-1869-1
定　　价：68. 00 元
发行电话：(010) 85924663　85924644　85924641

版权所有，违者必究
如有印装质量问题，我社负责调换，请拨打电话：(010) 85924602　85924603

前　言

────────

2004 年（平成十六年）12 月 23 日，位于日本横滨的中区关内马车道分店开张，CoCo 壱番屋①的分店数量至此突破了 1000 家。CoCo 壱番屋也成为第一家靠单品胜出的加盟连锁店（FC）。

当时我对来宾的致辞如下：

"值此 CoCo 壱番屋第一千家分店开张之际，也是我的梦想实现之时，回首从前，感到奇迹般的不可思议。在对该行业完全外行的情况下，既没有借助任何外在力量，也没有效仿同行的其他店铺，完全本着顾客至上、抱着对顾客感恩的心情用心经营……"

30 多年前，我和妻子直美（壱番屋现任名誉董事长）两个人开了一家面积只有 12.5 坪（约 41.3 平方米。坪：日本度量

────────

① "壱番屋"为日语汉字，汉语直译为"第一屋"。

衡的面积单位。1 坪合 3.3057 平方米）的小店，30 多年后，当初的小店已经发展成为现在为全国人所熟知的 CoCo 壱番屋全国连锁店。而当时，我们俩无论是对制作咖喱还是经营 FC 理念都是纯粹的外行，既不具备相关知识经验，也没有人脉关系的支持，连开张的资金都没有。常常有人问我："您经营成功的秘诀是什么？"当我回答说："我想是一路摸爬滚打，靠着一点点摸索才成功的吧！"对方总会笑道："真的假的？"在问过我几遍后，确定我是真的如此认为，对方常会一脸茫然，继而沉默不语。

我也希望给予对方一个让其满意的答案，但事实就是如此，不包含一点儿夸张的成分。我既从来没有研究过 FC 的经典案例，也没有寻求过专业咨询公司的建议。每当遇到棘手的问题时，都是努力在脑海中追根溯源，一旦发现是由于现行运作的某个环节或者方针出现了错误，就毫不犹豫地马上着手进行整改。

"不太愿意听从别人的建议""不知道业内的常识也挺好""想按照自己的想法去做"……能成功开出多家分店的 FC 经营者虽然不少，但抱有这样奇怪想法的怪人还是很少吧？

从最早拟定菜单开始，一切操作都没有模仿过其他店铺。让顾客能够自行决定米饭分量的服务都来源于开业之初我脑海中的想法，还有可根据个人口味调配咖喱辛辣程度的服务，现在都成了 CoCo 壹番屋的代言品。诸如鱿鱼圈、奶酪这类出人意料的盖浇料也是完全出自我们这样的外行人的突发奇想。

　　读者只要用心研读此书，就会注意到本公司迅猛发展的秘密。书中将会阐明我们这家前无古人、后无来者的餐饮连锁店究竟是如何发展起来的。

2009 年（平成二十一年）10 月

宗次德二

序　言

————————

日本第一的标语"笑脸迎人，诚心鼓掌"

1974 年（昭和四十九年）10 月 1 日，我和妻子直美在日本名古屋市西区的尽头开了一家咖啡店——"巴克斯"，即日后的"咖喱店 CoCo 壱番屋"的前身。

详细情形稍后再述，这是我们夫妻第一次开始做生意，而且我俩都是彻头彻尾的大外行，对该行业一无所知。虽然我们拼尽全力，但也不是总尽如人意，仍无法向顾客提供尽善尽美的服务。反而是顾客帮我们认清了这一点，我们夫妻对顾客深怀感激。

大约过了半年，一天我突然想到了"笑脸迎人，诚心鼓掌"这个标语并写了下来。这是对明明有很多餐饮店可选，却特意来我们店捧场的顾客们自然而然涌现出的最直白的真情实感。

早上 7 点开门时，我们夫妻会出店门鼓掌迎接第一拨顾客。虽然我们也在尽量克制自己，以免突如其来的近在眼前的鼓掌动作惊吓到顾客，但真的是因为内心太感激顾客，忍不住拍手、笑脸迎人。

这种心情一直持续到 2002 年（平成十四年）我退休那天，我认为"笑脸迎人，诚心鼓掌"堪称日本第一的标语。

当时一杯咖啡的价格是 150 日元。我在开咖啡店前曾在房屋中介以及房地产开发公司等处工作了六年，并逐渐在房地产行业立稳了脚跟。每天很晚起床，如果说到工作，就是一年销售几栋商品房，平常作为中介在房屋以及公寓买卖租赁间斡旋。

只要做成一笔以几百万日元为单位的交易就可以赚到数额可观的手续费，我也认为这是理所当然的事情，那个时候的我可以说对于"又辛苦赚钱又少"的餐饮业是毫无兴趣的。

当初的打算是由妻子经营"巴克斯"，再根据情况决定是请亲戚帮忙还是雇人。没想到开张的当天，我作为帮手暂时充任了 10 分钟左右向来宾发放开张纪念品的角色，看着店内外拥挤的人群，再加上热闹喧嚣的气氛，突然感到了一种与不动产世界完全不同的别样的趣味。

"让您久等了！请您慢慢享用！"

"谢谢光临！"

看着一方热情地招呼顾客，而另一方顾客们开心的笑容后，一直隐藏在我心底深处的某个按钮突然被触动了，我感到一种从未想到会有的激动。

很快我就向不动产公司提交了辞呈，之后的 28 年间（一直到我 53 岁退休）我都一头扎入餐饮业中，我想所谓的天职就是指这种于意外的机遇中发现的上天授予的职责吧！

壹番屋的座右铭"微笑、机敏、朝气"

生意兴隆的立足点就在如何待人接客上。

我们的目标是成为当地服务最好的店铺。

微笑　任何时候接待顾客都要面带笑容

机敏　任何时候接待顾客，动作都要干净利落

朝气　任何时候都要以爽快的态度待人接客

我本人也一直保持笑容满面。

感恩的笑容！渴望的笑容！谦和的笑容！

今天一天也请多多关照！

这些话不仅在全日本的 1177 家［2009 年（平成二十一年）9 月底时日本国内的门店数量］咖喱店"CoCo 壹番屋"要重复，就连在美国夏威夷和中国的国外 30 家店铺，早上也都是例行喊这些口号结束当天的早操，开启一天的工作生活，这是壹番屋店铺的规矩。

任何时候都要面带微笑、手脚麻利地工作，并清楚地回应顾客，这些待客的基本礼节看起来很简单，但如果想一直坚持做到其实很不容易。

每天早晨，店里的工作人员在确认一天的工作目标，并将

笑脸相迎

诚心鼓掌

特别想以鼓掌喝彩的方式欢迎顾客，正因为怀
着这种感恩的心情，才有了店里的标语。我自
认为这堪称日本服务界第一的标语。

需要传达的事项传达完毕后，全员例行一起喊店里的标语。刚来的兼职人员也许还不习惯，不好意思喊出声来，但对于老店员而言每天不喊喊的话就感觉没劲儿的大有人在。

1978 年（昭和五十三年）1 月，已经在日本名古屋市内开了一家咖啡店的我和妻子直美在名古屋的近郊地段开了第一家咖喱专卖店——"咖喱店 CoCo 壱番屋"。

再过两年，大约在第二年的年底，为了将事业做大做强整顿体制，我们在日本爱知县西部的尾西市（现隶属于日本一宫市），着手建设 4 号店、Franchise Chain（加盟连锁店，以下简称 FC）总部和中央厨房。然而遗憾的是，包括壱番屋咖喱的味道在内，即使有足够的资金，也没有其他公司无法模仿的独一无二的商品。别的公司只要和生产制造商技术合作，就可以设立与壱番屋同样的供给系统。到底怎样才能确保绝对无法被模仿呢？"外形可以模仿，而真心是无法模仿的！"经我们夫妻俩认真考虑得出的这个结论并不是凭空而来，而是基于四年多的独立经营咖啡店的经验得出的。

不管是当时还是现在，咖啡店都会在上午提供早餐服务，特别是最先兴起的以名古屋为代表的日本东海地区的竞争，众所周知格外激烈，只要喝一杯咖啡就获赠厚厚的烤吐司片等三四个品种的豪华套餐服务，而我们完全没有这样做。

我们将所有精力都放在全力打造舒适的空间以及真心的服

生意兴隆的立足点就在如何待人接客上
我们的目标是成为当地服务最好的店铺

微笑　任何时候接待顾客都要面带笑容
机敏　任何时候接待顾客，动作都要干
　　　净利落
朝气　任何时候都要以爽快的态度待人
　　　接客

（咖喱店CoCo壱番屋）

以前为顾客服务都是为了获得更好的销售额
和利润，但我不认可这点。在我们公司以及
各店，任何时候都是诚心诚意地喊出该口号。

务上，不是像其他店铺一样靠赠品或者廉价吸引顾客。我们用真诚的微笑欢迎每一位顾客，抱着对顾客感恩的心情全心全意为顾客提供最优质的服务，直至顾客离店。

听起来很容易，实际做起来并不简单。只有抱着感恩的心情以及对工作的热情并为之而努力的时候，才能真正让顾客满意。

"微笑、机敏、朝气"只是外在表现，背后是无法抄袭的积极努力、灵活变通的真心，并以顾客第一为己任的责任心。看似简单的标语包含了一切，这才是最重要的。

我们尽全力奉行该宗旨，咖啡店生意因此超级火爆。顺势得到传承发展的"咖喱店 CoCo 壱番屋"成了日本国内最大的咖喱连锁店。而店里的标语历经 30 年经久不衰，涵盖了待人接客服务的一切潜规则，如果只看服务手册和店内规则是无法理解的。

目　录

第2章

全身心地投入到工作中，成为日本第一
幸福的企业家

第 3 章

成功的三大秘诀——早起、做大扫除、真诚待客

第 4 章

以光明正大的经营姿态，打造健全强大的企业

第 1 章

出生成长于逆境，
邂逅了上天赋予的使命

"遇见了决定我人生的伴侣，
堪称日本第一的妻子"

1970 年（昭和四十五年）2 月，我遇到了后来成为我妻子的直美，此次相遇让我迎来了人生最大的转机。当时我 21 岁，直美 19 岁。

此次相遇的 3 年前，我从日本爱知县立小牧高校毕业。只是因为偶然看到的报纸上刊登的三行招聘广告，我就应聘到了这家房屋中介公司工作。

我从小就是孤儿，3 岁时被养父母从日本兵库县儿童养护中心领养，后来我的养父去世了，我和养母也分开生活，别说是描绘将来的梦想，连眼前的生活都无着落，只是努力靠自己的力量维持生存。

穿上西装怎么看都别扭的我在毕业典礼第二天仍穿着高校的校服走向社会，在公司里度过了作为社会人的第一天。除了我，再没有见过有人穿着学生服来上班，因此我也成了领导和同僚们的笑料。

公司总店位于日本川崎，我在该公司的名古屋分店工作，工作内容是为大公司的员工斡旋民用土地和房屋。可我生性不善言辞，不像其他人那样能说会道，也不擅长与人交际，怎么看都不适合搞营销。但我想正是这种"怎么看也不像营销人员"的性格反而更适合搞营销。

每天奔走于日本名古屋的郊区，一点一点地收集了大量优质的土地信息，并渐渐获取了客户们的信任。每个月我的工作业绩都是名列前茅，常常拿到公司的奖金，但我又不像其他同事那样喜欢喝酒、走到哪儿喝到哪儿，也不沉迷于赌博，闲暇时就喜欢听些古典音乐的唱片，在别人眼里就是个怪人。

工作3年后，已经20岁的我拿到了开发商资格证书，开始憧憬将来能够"自立门户、独立拥有一家属于自己的房屋中介公司"。

如果说当时自己还有什么不足的话，那就是必须掌握住宅建筑方面的基本知识，我很希望为从我这里购买土地的顾客提供出个性化私人住宅的平面设计，与顾客分享同一个梦想。

为了实现该目的，我跳槽到了以定制个性化私人住宅闻名的大和House工业名古屋分店，在那里我遇见了后来成为我妻子的直美。

直美于一年前从高校毕业就在该公司就职，她的性格活泼

20 多岁时的我。虽然既没有营销经验也没有天分，不知为何却取得了很好的业绩。工作时还能使用汽车，非常开心。

开朗，善于社交，和我完全不同。跟人说话时总是面带笑容，浑身上下充满朝气，工作干净利落，是个既稳重又让人放心的人。直美作为公司 30 个左右营销人员的助理，上至 65 岁的老前辈，下到最年轻的当时 21 岁的我，直美待我们一视同仁，不带有任何偏见。虽然直美的父亲很早就过世了，但因为是家里 6 个孩子中最小的孩子，在兄弟姐妹的呵护中长大，所以性格如此之好。这个让我一见钟情的女孩子，在相识 3 个月后的第二次约会中，我就向她求婚了。

4 月 18 日直美过 20 岁生日时，我很想送给直美点儿什么，却苦于囊中羞涩，就把当时最常听的唱片作为生日礼物送给了直美［现在这张由安东尼奥·维瓦尔第（意大利作曲家，Antonio Lucio Vivaldi）作曲、I·MUSICI 合奏团演奏的协奏曲集"四季"唱片仍然是我们夫妻俩的宝贝］。

虽然直美当时没有马上接受我的求婚，不过在工作方面我仍是一如往常地顺利。虽然有很多同事一早来上班时就酒气熏天，在工作中赌博的也大有人在，却也不乏胸怀理想、想独立成就一番大事业的同僚，跟他们在一起不失为对我的一种锻炼。

我每天晚上 7 点多下班，因为工作业绩突出，工资奖金比一般同事都高。

时值商品房火爆销售的黄金时代，房屋销售员也不用拼命地推销，这样大概反而让购房者更安心，记忆里倒是经常四处

我非常喜欢古典音乐，这是结婚前我送给妻子作为生日礼物的 Lp 唱片（由安东尼奥 · 维瓦尔第作曲、I · MUSICI 合奏团演奏的协奏曲集"四季"），是当时空前热销的收藏版经典曲集，现在仍然是我收藏的宝贝之一。

在只去过两三次的客户家里蹭饭吃。休息日就躲在房里听用工资买回来的立体音响放的交响乐，在别人眼里我就是个性情古怪的人，大概直美当时也是这样看我的吧？

交往两年后，直美终于答应嫁给我了，我也将目标定位在成为独立的不动产中介商，目标既定，又得到了一位贤内助的支持，毫无疑问会激励我在实现目标的道路上不断前行。

更没想到的是，结婚真正决定了我的人生。

如果不是直美，我就不会从事赋予我天生使命的餐饮业，所以对我而言直美就是日本第一的妻子。

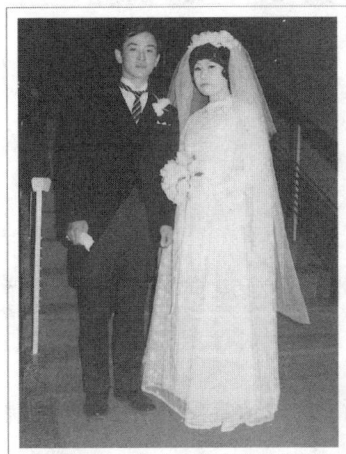

1972 年（昭和四十七年）11 月
12 日，我们在比较便宜的日本名
古屋市营中村公园举办了结婚典
礼。收到了很多人的祝福，顺利举
办了结婚仪式，对此我们很感恩。

"从在不动产行业自立门户，
到开了一家咖啡店"

我们一决定结婚，妻子就向公司提出了辞呈，我也开始着手准备下一个计划。

当时的房地产行业，只要配备一部电话就可以开店，而我也从大和 House 工业的营业部调到了由系列代理店经营的住宅展示区，做展示员的工作。只要听说公司附近有土地销售就会去看，而在看到沿路的三角形土地的瞬间，想到"如果买下这块地，建一栋房子，我就可以开一家属于自己的房屋中介了"，这块土地因为呈不规则的三角形状，价钱便宜，如果建两层小楼，一楼正好可以开房屋中介事务所，二楼自己住。

虽然不知道前景如何，但我们结婚的时候，1972 年（昭和四十七年），日本经济形势非常好。而且因为政府正在热推"日本列岛改造论"，带动了房地产行业的异常火爆。土地区域规划，宅基地进程化，带动了周边地域的连续不断大规模的商品房建设。土地价格直线上涨，越来越多的高薪白领阶层渴望拥有一套属于自己的住宅，在这种大好形势下，虽然是自己第一次独立开店，但没有感到任何的不安。

第二年，我向公司辞职，同时向土地管理部门申请了土地使用许可证，并顺利拿到了许可，10 月份投入到曾经心心念念的岩仓沿线土地建设的房地产商的事业中。那个时候我才24 岁。

正如预料的一样，我在做不动产事业的过程中，总能顺利地缔结合同。每天沿线调查是否有新的要买卖或者租赁的土地房屋的信息，一路上如果发现在建中的公寓或者需要出租的房屋，就会找房屋所有人了解是否需要中介斡旋，同时我在报纸里插入相关房屋信息的折页广告，接着静待顾客来电话咨询就可以了。

做房屋中介每签成一单就可以赚入两三万日元的手续费。而在那个时代，只要每月赚入 10 万日元左右，就可以过上普通人的生活。而我又没有任何负担，日子过得非常轻松，似乎也没有必要考虑其他，自认为当下的日子过得稳定充实，以后会一直从事这个行业。

当然，房地产业的妙处可不光是追求这样的小利益。我还从银行办理了从土地费到建筑费的全额贷款，投入到商品房的开发建设中，一年就卖了四栋房子。从销售额中扣除银行的还款额后，毛利润能达到大概 200 万日元。虽然每个月还要偿还自己房子的贷款，但对新婚的我们俩来说，生活是十分宽裕的。

我一直没提，其实许多大好时光都让我浪费掉了。上班族一般都是早上 6 点前起床上班，我在不需要这样做的时候，都是到 10 点还赖在床上不起来。白天的工作对我来说也没有多大压力，反而常常去弹子房这样的地方打发时间。

要想保持这种无忧无虑的状况，其实要在不断有合同成交的情况下才能实现，而房地产业绝对不是能保证有稳定收入的行业，受经济形势的影响，存在着未来不可预知的风险。实际上在我开发岩仓沿线土地的 1973 年（昭和四十八年）10 月，就出现了众所周知的卫生纸被囤积的第一次石油危机，之后日本就进入了经济减速发展的时期。

平时和妻子聊天时，不经意间不知道谁说了一句："要不要试着做一下有现金收入的生意?"我这个性急的人瞬间做出了立马就干的决定，而当时正在给熟人的不动产公司帮忙的妻子对此也非常感兴趣，于是两个人开始筹划到底是做书店还是杂菜煎饼店、咖啡店等生意，商讨的结果是开一家好像最容易上手的咖啡店。

在建中的理想中的家。一楼和二
楼共计 23.5 坪（约 78 平方米）。

但这个时候，我仍然认为自己的主业是不动产业，咖啡店自然是由性格开朗又善于社交、做饭手艺高超的妻子来打理，我顶多是偶尔帮帮忙打打下手。

站在刚建好的新居门前的妻子直美，
妻子旁边是刚挂上的建筑开发商营
业执照。

"脱掉西装，
发掘做生意的天分"

妻子为了学习怎样泡出好喝的咖啡，第二天就到蛋糕房直营店去上班。开店的资金则交由我负责筹集，并查找条件适合的店面。

但符合我心目中条件的店面不是别人所想的对地点和环境有高要求，我没有特意去做市场调查。哪个位置都可以，只要能马上做就行，按照这个要求，我找到了住宅和工厂混杂的城镇边缘一栋公寓的一楼底商，面积有 17 坪（约 56 平方米）。

我没有按照常规先找两三家进行比对，十分钟就决定下来。别说是找专业人员咨询一下了，我谁都没问就签了约，连到底需要多少费用都没搞清楚。现在回头一想自己也吓一跳，真是个急性子的人。

签约后马上计算成本，包括店铺的内装修在内，大概需要 700 万日元。而我的手头只有 200 万日元，剩下的 500 万日元只能从他处想办法。我先跑到咖啡店附近的岐阜信用金库贷款，但工作人员以我们既没有资金也没有经验拒绝了我们的借贷要求，历经一个月不断地申请，我们终于取得了融资。

借款时，多亏当时在日本东海地区拓展业务的为面包厂工作的大舅哥做我们的担保人。如果没有他做担保，我们将在贷款方面陷入困境。大舅哥后来还给我们的大约10个店铺做了担保，对此我们一直感激不尽。

在巴克斯咖啡店开张的当天，我们在店铺的上方升起四五只广告气球，入口处摆放了20个鲜花花架，都是熟识的房屋中介商或者开发商送来庆贺开店，然而因为名古屋有一种独特的风俗习惯，人们认为这种花非常吉利，结果鲜花都被附近的居民摘走了，早上7点开张的时候只剩下一架一架的绿叶。

幸运的是不管是第一天还是第二天的开张纪念日，包括吧台在内的店里的40张座席全天爆满，两天来店里消费的顾客人数达到了差不多300人。不管是厨房还是厅堂都是一团忙乱，多亏妻子的姐姐和众亲戚帮忙，甚至合作方都派人来支援，总算顺利地度过了这两天。每回想起那两天来帮忙的人们，即使到现在我都心怀感激，铭记于心。

喧嚣热闹的一天结束后，一计算当天的销售额，竟然超过了10万日元。开张前，周边的商户告诉我日销售额大概能达到3万日元，再考虑到还贷因素，我们将销售目标定为日销售额5

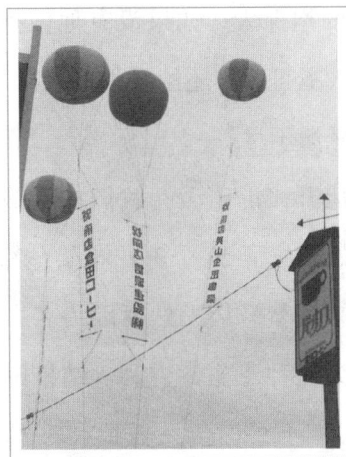

1974 年（昭和四十九年）10 月 1
日，咖啡店"巴克斯"开张。天空
中升起大幅广告气球，门前摆放
了同僚们送来以表庆贺的鲜花花
架。从这天起，我们的人生开始
出现了 180 度大转弯。

万日元，核算完当天的账目后，终于感到可以松一口气。

开张第一天，我穿着房屋中介商的西服站在店铺门口，边对顾客说"欢迎光临"，边将手上的抽奖箱递向顾客，请顾客抽取小礼品。虽然我也身为店主，但因为有自己的本行工作，店铺的运营全都交由妻子掌管。按理说完全可以抽身退一步，以冷静的态度旁观一切。

然而自开门起看到接踵而来的顾客的身影后，只过了10分钟，我的情感就发生了巨大的变化。

"太了不起了！太有意思了！或许不光是妻子，这个工作会不会也是上天授予我的职责？"

几乎同时我迅速做了一个决定，将不动产业的店铺关掉，为慎重起见，只保留房屋中介的营业执照，如果咖啡店经营不善，还可以继续做房屋中介。

我小时候虽然也吃了不少苦，但骨子里还是乐于享受的。开咖啡店之前也从来没有往深处考虑过任何事情，已经习惯做些不太辛苦的房屋中介商的工作，每天过着漫无目的的悠闲生活。

想不到这个时候，我心念一转，就是这个了！开咖啡店才是上天赋予我的使命！让我愿意为之奋斗、为之挥洒汗水的新的工作！第二天，我就脱下了西装领带，穿上T恤衫，打上领结，进到柜台里工作，当时距离我26岁生日不到半个月。

咖啡店"巴克斯"开张现场。店名被命名为
"巴克斯",为罗马酒神之意。当时的我既不
会喝酒,又根本不知道其含义,被顾客指出
后也只有苦笑的份儿。

"比提供物质更重要的是
提供真心"

　　了解日本东海地区的人应该知道在日本名古屋点咖啡的时候，店家都会附送一小碟花生米或糯米小点心，早餐时间更会配上烤面包片或者煮鸡蛋，甚至还有配扁面条、茶碗蒸蛋、米饭、味噌汤的，这种风气在 35 年前就存在，现在更是愈演愈烈。

　　而"巴克斯"自开店以来就没有提供过这种早餐服务，连花生米都是按照一碟 30 日元销售。

　　靠让价促销，或许会很快抓住顾客的心吧？但当一切都慢慢变得理所当然，就会失去效果。一旦其他店铺提供更多的优惠服务，顾客就会转向那里。之所以会这样，是因为光靠廉价商品吸引顾客是不够的，真正吸引顾客的应该是店铺本身。从开咖啡店的角度来看，表面上看似都是"为了服务顾客"，其实本质上仍然摆脱不了为了吸引顾客而相互竞争。

尽管银行的融资负责人和蛋糕房的老板都好心提醒我"一点儿不做早餐服务的项目肯定是不行的",但这些建议和我们开店的本意相冲突。不论是我还是妻子直美都从内心抵触这种"降价或者附送服务"。

相较这些,我们还是更喜欢开开心心地边对顾客说"欢迎光临",边笑着迎进顾客,诚心实意地为顾客提供服务,顾客对我们的服务都很满意,我们也忍不住去这样做。事实也正如大家所看到的那样,大量顾客成了常客,就是因为"喜欢这样向我打招呼时的感觉","这个店的氛围真好"!

当时的很多咖啡店,忙的时候是咖啡店,闲时却常常看起来有点儿有悖常理,例如店员们坐在顾客席上吃饭,老板叼着烟看赛马的报纸,这在别人眼里通常是不可思议的。并且,有很多店铺习惯只热情招呼熟客,而我们则对新老顾客一视同仁,秉承以顾客为中心的宗旨尽心尽力为顾客服务。

作为一个开咖啡店的非专业人士,又处于一个不知道"顾客就是上帝"的时代,提供一个能让顾客满意的惬意空间是我们经营的理念,并且根本不打算妥协。

在"巴克斯",我们独创的"My cup"服务赢得了大众的好评。常客可以从我们这里购买专用的杯子并寄存到店里,每次来的时候就拿出来给他们调制咖啡,就像小吃店提供为顾客保管酒的服务一样,这样杯子的主人来时就会拥有一种优越感，从而更喜欢来店里消费。多的时候架子上摆放过 160 多种"My cup"。

除咖啡以外，店里还备有烤面包片、三明治、意大利面、炒面等套餐的菜单。烹饪的时候也不会放过任何细节，例如，有的人喜欢在三明治里加辣椒粉，有的不喜欢，我们在做的时候会事先征求顾客的意见。材料全部采用精心挑选出来的食材，妻子发明的奶酪吐司和烤比萨则是用心纯手工制作出来的。

其中吐司和三明治是大受欢迎的热销品，在其他店铺的早餐服务中被免费赠送的吐司在我们店里都是连续不断有顾客下单购买，而大受人气追捧的面包则是作为担保人的大舅哥所在的面包厂出产的好评优品。

再加上周围人的支持，我们的咖啡店顾客人数日增，逐渐步入正轨。

只是一忙碌起来，每天的睡眠时间只剩下了四五个小时，营业时间从早上 7 点开始到晚上 8 点结束，我和直美天天忙着迎接顾客并准备食物，营业前后也需要时间收拾打扫，而且路上还需要通勤时间。

因为全天几乎都是站着忙来忙去，到晚上关门的时候我们俩的腿都像棍子一样又僵又硬，全身疲软。到家的时候累得几乎都站不住了。"为啥要开个这样的店呢？"甚至有时候会抱在一起号啕大哭。常常是还没等到浴缸里的水烧热就睡着了，或者泡澡泡着泡着，就在浴缸里睡着了。

而从另一方面来看，我们做餐饮服务业的自觉性也越来越高。2 月份的一个早上，一出门就看见积雪达到了 20 厘米左右，这场该地区罕见的大雪让我无法开车出行，于是我决定马上换乘电车去上班。

"因为大雪故暂停营业，在此向顾客诚挚地道歉。"

当我一步一滑地赶到最近的车站，以最快的速度登上电车，在离店铺最近的一站下车后，拼命沿着下满雪的道路跑到店铺时，已经超出了开店时间 30 多分钟。

有几位顾客早已等在了店门前，我的迟到剥夺了他们早上享受咖啡的乐趣。天气不能成为没能按时开门的理由！这一次的经历让我深深感到了自己作为服务业从业者的失职。经过深刻的反省后，以后无论再出现何种状况，我都会按照公告的时间准时开门。

为了提供"真心的服务"，我想出了各种办法。
其中之一就是顾客可以从店里购买自己专用
的咖啡杯，摆放在店里的架子上，顾客来的
时候就可以享受这种用自己专用的杯子冲咖
啡的"My Cup 服务"，架子上摆放了 160 多
种咖啡杯。

"口碑的力量
拯救了生意冷清的店铺"

咖啡店开张的 10 个月后，也就是第二年的夏天。我到附近的市场上货，回来途中偶然看见在建中的附带小店铺的住宅开始发售。

"这里很适合开一家当下正流行的咖啡专卖店！"一瞥之下灵光一闪，我就做出了这个决定。一回到"巴克斯"，我马上跟妻子说了这个想法，直接去售楼处签了合同。

在当时，喝咖啡代表了一种高级的情趣，开一家很节省空间的咖啡专卖店在日本非常时尚。而我的咖啡店里就提供摩卡、蓝山咖啡这类速溶咖啡，所以我对开一家咖啡专卖店稳操胜券。

但面临的问题是尽管咖啡店已经步入正轨，1 号店所欠的贷款还没有还完，再开店需要再贷款 1000 万日元左右。我把眼前的困难跟妻子一提，直美就说："开业的资金由我来想办法吧。"这次跟当地的金融机构打交道的事就交由直美来做。

一确定可以从日本国民金融公库和县信用保证协会融到资，接下来办理手续的过程就非常顺利了。

2 号店离"巴克斯"150 米左右，面积有 7 坪（约 23.1 平方米），可以设 15 个吧台座位。我们这次内装修上比以前更下功夫，店名来源于当地的地名浮野町，叫作"浮野亭咖啡专卖店"。

浮野亭于 1975 年（昭和五十年）10 月开张，这个店由我主持，聘用的店长虽然也没从事过餐饮业，但是妻子朋友的丈夫。浮野亭的开张让我积累了以后将 CoCo 壱番屋开成旺铺的经验。认真来讲与其说是一知半解，不如说我们对餐饮界的常识一无所知。

虽说是外行，但浮野亭的开张非常顺利，头两天顾客爆满，都是冲着赠送的礼品来的。第三天开始形势急转而下，进店消费的顾客人数骤减，咖啡机每次可冲出 6 杯咖啡，卖剩下的几杯过一段时间只能扔掉。

店里的生意始终不景气，虽然也有"巴克斯"的老客来捧场，但生意总不见好。销售额达不到预期的效果，这段时间我们白天大多只能吃些三明治或从烤吐司上切下来的面包边角料当伙食。

到了给员工们发工资的时候，由于没有一万日元的大钞，共计发放的约 15 万日元的工资都是用一张张一千日元的钞票凑起来的，看起来是厚厚的一沓，直美边给员工发工资边道歉："实在对不住！都是一千日元的票子，下个月看有没有一万日元的大票……"

结果反倒是员工们若无其事地安慰直美："没关系的，老板娘！这样我们更省事儿，都不用兑换成零钱了。"

每月我们都发愁如何偿还房贷、家电贷以及水电煤气等费用。下午3点前一接到从信用金库打来的催款电话"这个月的贷款还没还清！"，我们总是慌慌张张地从收银机中取出当天的销售额，再四处凑钱偿还债务。

为了挽救局面，店里推出了维也纳咖啡。在价值 2000 日元以上的高档咖啡杯内冲入浓浓的咖啡，上面漂浮着满满的、厚厚的鲜奶油，调配咖啡的过程中再问一声顾客喜欢加多少糖，根据顾客的口味儿调配咖啡——这是我能拿出的自认为"名古屋最好的咖啡"。

这样一杯维也纳咖啡的定价为 250 日元，并且慢慢出了名，成为热销商品，吸引好多顾客带着朋友以及全家来品尝。"口碑"的力量真是无法想象的，就这样一传十、十传百，别说名古屋市内了，甚至有顾客专门开半小时或一小时路程的车就为来店里品尝。

借主打产品好评如潮之机，浮野亭咖啡专卖店又趁势推出了奶酪吐司、烤比萨等诱人的产品。从早上开门到中午午餐结

仅有 15 个座席的、让人能放松心情的"浮野亭"咖啡专卖店。当初因生意低迷推出的维也纳咖啡受到热捧，自此"浮野亭"成了任何时候都客满的生意兴隆的旺铺。

束的整个期间，连续几个小时不间断烤制出的面包供不应求。

　　到开张一周年左右时，浮野亭每天也都达到全天顾客爆满的程度，和"巴克斯"一样成了生意兴隆的超级旺铺。距最初在当地开咖啡店已两年，当地人感受到了我们这对年轻夫妻以真心为宗旨努力为顾客服务的一片挚诚之心。

"挑战有扩张潜力的送外卖上门的服务"

两家店都步入正轨，成为当地超级兴隆的旺铺，我们夫妻俩也一成不变地从早忙到晚，日子过得非常充实，每天都切身感受到了顾客们在接受我们诚心诚意服务时的喜悦之情。我们每天只是做着应该做的事儿，只要顾客满意，新老顾客就都会不断增加。

"果然我们俩天生就适合做生意！"

在从事房屋交易时只要一签合同，就会获得很高的收益，但收不到这样满满的感动。那时我就对改行做餐饮业感到十分幸运。

另一方面，我们的事业也遇到了新的难题。尽管我们想继浮野亭之后开第三家咖啡店，但考虑到工作人员的问题以及经营效率后，发现再开几家这样的店铺并不占优势。两家店都已经开到了极致，即使希望拥有更多的客流量，销售额再扩大一些，却已不再具备发展的空间。

因此表面上看我们是先将开 3 号店的计划搁置了起来，开始以"巴克斯"为试点提供送外卖上门的服务。以现有的店面和工作人员，在尽可能的范围内提供送外卖上门的服务。

附近有很多可能来订外卖的小工厂，是未开拓的领域，可供发展扩张的潜力很大。

我们夫妻俩认真商谈后，一致认为应该提供送外卖服务，最好店里能够供应饭食，于是决定将菜肉烩饭和咖喱饭列入新的菜单。我们先从合作的烘焙商那里拿到了咖啡店常用的各种罐装或者瓶装的咖喱，全部试吃一遍后，没有一种味道能让我们俩满意。

这时，我将以前就考虑过的事儿提出来征求妻子的意见。

"就卖咱俩新婚时你给我做的那种咖喱怎样？"

第二天，我赶到超市购买了五六种家用的固体咖喱块，妻子在店内小厨房将每一种咖喱按照顺序都煮了一遍，做好后由我和店里的工作人员共同品尝，大家对我感到特别好吃的那种咖喱一致表示赞同。

用来做咖喱的肉和蔬菜等食材都是精心挑选出来的，出锅后再撒上由几种香辛料和辣味儿胡椒粉调配出来的调味品，就制成了"巴克斯"专属味道的咖喱。

店里本来就拥有大受顾客欢迎的咖啡和三明治等产品，再加上新推出的强力商品——咖喱饭，至此提供外卖服务所需的条件完全具备。

我购买了一辆用来送货的二手轻便汽车，车身用油漆涂刷了"即使一杯咖啡也可以送货上门 巴克斯外卖服务"的大幅广告。只要一有时间，我就开着车在城里转，并在给周边的城镇工厂以及市营住宅等处送外卖的时候，向附近的居民发传单，有针对性地进行推广宣传。

经过一番努力，渐渐开始有人打电话下单购买外卖，即使只订一杯咖啡也可享受配送上门的服务大受无法随意离开工厂或自家的客户们的欢迎。更明显的是咖喱饭的人气越来越旺，每天订单数量会增加四五十份，也有顾客慕名专程到店里来品尝。

白天厨房里忙得热火朝天，配送车也处于全天不间断配送状态，以前我和妻子忙起来总感觉力不从心，现在却于忙碌中品味到了无穷乐趣。

这大概也是因为自创业起的两年多，我们几乎每天都在吃切下来的面包边角料，没有生意时的艰辛以及到处凑不够资金的愁苦太过于刻骨铭心，我们都不想再过那样的日子，才会更享受现在忙碌的日子吧？

当时 28 岁的身为老板的我很受顾客欢迎，穿着黄白条形衬衫（后来成为"咖喱店壱番屋"的制服），并打着蝴蝶结。

为了开展上门配送业务而专门购买的二手车，因为是托朋友帮忙，只花了 2 万日元。车身上用油漆醒目地设计了" 名古屋最棒的维也纳咖啡 "的字样，推广的该咖啡是" 巴克斯 "和" 浮野亭 "两店的招牌产品。

"和独特的味道相比，
符合大众口味的家的味道更好"

因为顾客对咖啡店提供的咖喱评价特别高，有一天我突然想到将第 3 号店开成咖喱专卖店。咖啡店在销售额上是有一定上限的，且很难保证工作人员都能达到我所要求的真心提供服务的水平，并存在着无法提高效率的弱点。

而开家咖喱专卖店正好克服了这些弱点，现在广受好评的咖喱产品出菜既快，操作也日趋流程化。

自开咖啡店起过了 3 年，1977 年（昭和五十二年）秋，我把开咖喱专卖店的设想跟妻子一说，妻子马上表示同意，"这不是很好吗？咱们试着干干"。虽说不急于一时，但因为妻子能鼎力协助我，包括资金周转在内的一切由我拍板决定的事，开店诸事想来应该没有什么阻碍，会很顺利。此时我们俩也才 20 多岁，正当年轻力盛的好时候，在扩张生意的想法方面也是不谋而合。

第二天，我们就委托以前熟识的某建筑商帮忙搜寻合适的店面，很快对方就联系我们说有一处很好的店面。我马上从"巴克斯"出发，驱车赶往当地，10分钟左右就开到了。那里有3栋连在一起附带住宅的两层小楼，朋友所说的正是最右边的那一栋，一楼底商可做店铺，二楼用来自住。到这里需要开车从主干道行驶下来，店的旁边和后面都是田地，而且停车场由三家共享，只有12个停车位，无论从地段还是店面来看真不能说是个好处所。

即便如此，我也没再找其他店面，只用了1分钟就决定租下来。3间店铺最中间的是烤饼店，左边是家咖啡店。我很想尽快把店开起来，因此只以这里离"巴克斯"比较近的理由，就马上签订了租赁合同。

不管是跟身边的人还是与合作商聊起来，大家都说："野地里开咖喱专卖店，怎么听都不靠谱……"我这个大外行要开咖喱专卖店，赞成的也只有妻子和装修队的人。

听着大家的口气，再看到对方面露难色的神情，更让我决意"开好了给你们看看"！但空口无凭，其实我心里也根本没有底，只能还按照以前的老方法摸索着硬干。虽然所处的地理位置并不利于开店，但我们一向都是这样做出来的，也许对打算努力用心经营的我们两个人反而很适合。

这个地方地处日本爱知县西春日井郡西枇杷岛街（现日本

清须市），月租金 7 万日元。店铺的面积为 12.5 坪（约 41.3 平方米），我打算在店铺内部只设 20 张座席一决胜负。

只是原来一直都想开一家咖喱专卖店的构想有点儿动摇。对自家咖喱的味道再信心满满，也生怕只有咖喱饭的菜单太过单调，顾客很快会吃腻。

当时开始拓展全国连锁业务的吉野家势头正盛，我在业内杂志上看到相关报道后，开始考虑是否配上牛肉饭一起销售，"和咖喱一样，都是用大锅炖煮后盖浇到温热的米饭上就成了"。

这时候，我把新店起名为"C&G"，就是打算在店里同时卖咖喱和牛肉盖饭。我把自己设计的平面构想图交给装修队，委托他们设计"C&G"店面，并做出预算。

恰巧这个时候，我从业内杂志报道中得知东京都内新开张一家卖咖喱和牛肉饭的店铺，就动身去那家店调研，顺便去了几家有名的生意好的咖喱店转了转，尽管没像别人认为的那样赶时髦地走一家吃一家，把几家店都吃一遍，却也认识到自己真是对其他店太不了解了。

那是 11 月份的某一天，一早我就赶上开往东京的新干线，先去了位于神田的目标店铺，并且很快就在大标识牌下找到了它。我怀着第一次打探消息的有点儿激动的心情进店，点了一份咖喱饭想坐下来尝尝，却不自觉地被周围人点的牛肉盖饭吸引住了目光，看大家吃牛肉盖饭时单手边拌边狼吞虎咽吃的样子，和我想象中要开的店的样子相差甚远。我瞬间打消了卖牛肉饭的念头。

之后又到日本桥、新宿几家事先调查好的店铺转了转，包括郊区都去了，一天之内边尝边走了 12 家，发现无论哪家店都有它独有的味道，而且宣传的都是其与众不同之处。

但这些宣扬香料品种繁多、炖煮时间长、食材正宗的咖喱对我而言，却不是那种每天都想吃到的咖喱。我甚至觉得那些让店主们自豪的味道只是让店主自己感到满意而已。

我突然开始确信"自家的咖喱才是最好吃的"！每天从咖啡店端出来的家常味儿的咖喱看起来毫不起眼，但也正因为如此，才不更是普通人日常生活中每天都要吃到的家常饭吗？

在坐新干线回来的路上我就想好了新的店名，"自己店里的咖喱最棒！就叫**壹番屋**"。

在 CoCo 壹番屋诞生的瞬间，我感受到了从未有过的莫名感动。

为了显得更时尚些，我模仿兴起时尚品牌的法国设计师 CoCo Chanel（香奈儿）的名字加上了"CoCo"的字号。回来时赶上"巴克斯"刚关门暂停营业，当我把写着店名的记事本拿给妻子看时，妻子笑逐颜开地称赞"这名字太好听了"的情景至今记忆犹新。

创建 CoCo 壱番屋时用调色板制作的菜牌，是开张前请为"浮野亭"题过牌匾的顾客写的。

"生下来就成为孤儿，
又度过了极度贫寒的少年时期"

在这里稍微提一下我的出身。

我于 1948 年（昭和二十三年）10 月 14 日出生于日本石川县，当时第二次世界大战刚刚结束，社会还处于混乱当中。我出生于石川县怎样的家庭？父母又是谁？有没有兄弟姐妹或者亲戚？境况如何？现在 60 岁的我对此仍然一无所知，一点线索或消息都没有，我生下来就是孤独的一个人。

正如前面提到过的，我三岁时被养父母从日本兵库县尼崎市的儿童养护中心领养。养父名叫宗次福松，养母清子。两个人在尼崎做人脉很广的杂货商和出租房屋的生意。我作为养子，又作为这样一个富裕家庭唯一的儿子，按说应该会被很受重视地抚养成人。

然而，战争结束后不久，养父就迷上了当时爆发的自行车赛赌博。别说做生意赚的钱，就连收上来的房租，所有能凑出的钱都被他投入到赌博当中。很快财产被挥霍一空，房子也没有了，只能搬到面向日本濑户内海的冈山县玉野市居住。

1955 年（昭和三十年）我进入玉野的小学校上学，而养父对赛车的痴迷非但没有收敛，反而更加疯狂。养母靠辛辛苦苦卖鱼赚到的血汗钱全被养父换成了彩票，他们俩每天都在吵架。终于有一天养母因为忍受不了而离家出走，不知所终。

从此只剩下我和养父两个人相依为命，生活达到了可以说是极度贫穷的地步。偶尔养父会找到点儿道路维修这样工资日结的活儿干，但只要一拿到当天的钱，养父就马上奔向赛车场购买赌券，每次都是把钱输光了才会回来。我们既租不起公寓，也租不起单间，只能时常到处找些废弃的破屋子暂且栖身。因为交不起水电费，断水断电的生活状态持续了好几年。

养母走了以后我也不能天天哭，每次放学后都是先找附近的小朋友疯玩儿，晚上回家点上蜡烛等养父回来，家里的活儿像打扫卫生、做饭等都要由我来做。

家里很少有米，一般都是我将面粉加水煮熟。每天实在饿得受不了的时候，就摘些路边长的柿子、枇杷、无花果充饥，连野草都吃过。偶尔弄到一点儿米时，会掺入更多的麦子，加入从附近的水井中打出的水，研磨成粉末后，再去捡一些木屑当柴火，把粉末煮熟了吃，当时的我才六七岁。

学校不配餐时，我因为没有便当吃，就在中午开饭的时间

仅有的两枚幼儿园时候的照片，最右端的孩子
就是我。记录了幼儿园的短暂时光。

悄悄溜出教室，躲在校园的阴暗处，忍着肚子饿等待着，直到同学们都吃完饭再进教室。

晚上在外面等养父回来的时候，看见邻居家的妈妈将一个鸡蛋切成3份，分给三个孩子。虽说已经时隔50多年，但是当时的情景现在回想起来依然历历在目，仿佛近在眼前，大概是太羡慕的缘故吧！那时的我每天都忍受着又穷又孤独的生活。

记得有一天，养父带我去了弹子房，看到地上别人扔掉的吸剩的烟蒂，养父马上很自然地捡起来，塞到烟斗里旁若无人地吸着，一副很享受的样子。看到养父这么喜欢抽烟，以后只要一有时间，我就马上一个人跑到那个店里，在一大堆聚精会神打游戏的大人脚底下捡烟头儿，收集到一起装入袋子，拿回家交给养父。

只有这时，养父才会露出笑容，"好孩子！好孩子!"地夸奖我。因为太想见到这个难得的笑容，当时身为小学生的我每次至少跑4公里到弹子房去捡烟头儿。

生活艰辛至此，我们会在每年的年底，从职业保障所领取到一年仅发放一次的救济金，这时养父就会买回两个苹果，苹果味道格外香。尽管我一说错话养父总是很凶地大声咒骂，但我还是非常喜欢养父。

"为了生计，给家里贴补点儿收入，一早就起来去打工"

1957 年（昭和三十二年）我们打听到养母一个人在名古屋生活，于是养父带着当时还是小学生的我辗转搬到了养母所住的四叠半（约 7.29 平方米）一间的小公寓，一家三口又重新开始在一起生活。这样我不但住到了名古屋这样的大城市，而且还是和养母一起生活，终于有了稳定的栖身之所，一切仿佛都回到了从前，但养父仍然没日没夜地沉醉在赛车赌博中。

20 世纪 50 年代，黑白电视和收音机已开始在日本的一般家庭普及，但我们家丝毫没有变化，依然靠点蜡烛过着没有电的生活。冬天没有取暖设备，只能裹着破褥子瑟瑟发抖地抵御严寒，吃饭时围坐在充当饭桌的装苹果的纸盒箱子边，用麦粒饭填饱肚子，当时的日本已经进入经济高速发展的冈山时代，我们家却始终不见起色。

终于，养母对仍然疯狂沉迷于赌博的养父彻底寒了心，不再抱有任何幻想，再一次离开这个家，一个人住到市内的公寓，并摆了个饮料摊卖货给上班一族。只是这次我们都知道养母住哪儿，离得也不远，坐公共汽车就能到。

我每次回想起来，仿佛还能看到我们出摊的那个日本名古屋的中心地段，有一条较宽敞的小路通向五十多年前的地方。

每周我都会在星期六放学后乘市营公交车去养母那里，帮养母把两轮车推到摆摊儿的地点，或者打打下手，每次都要帮养母到半夜。清晨撤摊位时再推车跟养母一起回到她的住处。这样到第二天早上才能完成的活儿，我差不多干了两年。

上了中学以后，尽管养父偶尔也打些日结算的零工赚点儿钱，但还是要靠救济金生活，他仍然热衷于赛车，因为交不起房租，我们被从出租房中赶了出来。我们父子俩已经不知道在市内换了多少所住处，我也只能不停地转校。每次都是和朋友刚认识不久就慌慌张张地告别，过着颠沛流离、没有着落的生活。但我在初二时加入了排球队，留下了许多美好的回忆。

我努力地打小时工。特别是每年寒假时，有一周的时间包吃包住，我每天早上 3：30 起床，在米店打正月用的年糕。即使现在，不管是早起还是干活儿我都不觉得辛苦，很多人认为是我从小的经历的缘故，其实也不尽如此。我的性情里从来不把辛苦当作辛苦。

至于学习，只能用"普通"两字形容，我从不特别偏爱或者厌恶哪个科目。养父母更是从不过问我任何与成绩有关的事情或给出意见。根本没有人关心我的学习，这大概也是我自己对成绩毫不在意的原因吧？

中考迫在眉睫的时期，我本打算初中毕业后边工作边找个夜大类的学校读点儿书，但班主任对我的家庭状况一无所知，建议我先只参加个全日制私立高中的考试试试。没想到我通过了考试，因为没法向养父提学费的事儿，只好眼睁睁地看着入学通知的期限过期。

剩下的只有考公立学校的考试了。因为我的成绩在班级中一般，所以班主任认定我"根本考不上公立学校"。没想到幸运之神降临，我竟然考上了日本县立小牧高等学校商业系，1964年（昭和三十九年），本想考个职业高中类边上学边打工的我，反而成了一名普通高校的高中生。

办理高校入学手续时，我第一次开始知道与自己有关的重大秘密。看到要递交到学校的户口本，在自以为是亲生父母的家属关系一栏，清楚地记载着"养父""养母"。我还注意到自己的名字和出生日期都不对，到那时为止大家一直叫我基阳，但我户口薄上的本名一栏写着"德二"。

我向养父问起名字的事儿，养父却大倒苦水："赌赛车光输不赢，想来是名字不吉利，就给改了。"虽然第一次知道养父母不是亲生父母，但也没感觉受到什么大的打击。幼时虽然养母曾在生气的时候大声骂我"孤儿院捡回来的小杂种"，但我一直认为养母是在撒谎。不！或许当时的我更愿意相信这是个谎言吧！

其实有没有血缘关系根本无所谓，在我眼里养父母就是亲生父母。

养父在我上高中第一年放暑假前因为胃癌住进了医院，两个月后就去世了。57 岁的年纪就去世实在是太早了。住院期间，养父躺在病床上让我给他念 A4 书本大小的赛车选手名册时，一脸幸福的样子。他去世前还在张罗买赛车券，到死也是只做喜欢的事情。就这样养父在我和养母面前消失了。

因为养父好赌，我从小过得很艰辛，勉强度过了那段一言难尽的幼儿和青少年时期，但这段不堪回首的经历却培养出我顺应时势的性格以及不屈不挠的精神，为日后我得以步入现在幸福的人生打下了基础。战后出生，然后度过了堪称"日本第一悲惨人生"的这段经历成为我至今为止为数不多的自豪的资本之一。

养父去世后一直到高中毕业，都是养母拼命地干活养活我。她应聘到某公司的职工宿舍食堂帮工，我们的生活渐渐安稳下来，不再拖欠房租。到我 15 岁的时候，家里开始能过上有电的生活。

养母在上班的时候从来都舍不得吃单位配发的工作餐，总是省下来和单位剩下的饭菜一起满满地包成两大盒，连盒盖儿都扣不上拿回来给我吃，我在高中一直打排球，每晚都是饿着肚子回来，养母心疼我，宁可自己饿肚子，也要把所有的饭菜都留给我吃，这份恩情无以为报！

当然我也不能总让养母这样娇惯着。哪怕是很少，我也要帮家里赚一些钱贴补家用。每天早上 5：30 我都坐始发电车先去学校附近的豆腐坊打一阵小时工再去上学，豆腐坊是同学父亲开的，他知道我们家很困难，星期天或者暑假也安排我每次工作四五个小时，发给我的工钱足够让我交学费和生活费，遇到这样的好人真是我的幸运！

顺便提一下，我们习惯了终于有电的生活后，养母就从干活的公司职员那里，让他们便宜转让给我们一台黑白电视机，接着由我出钱，用打工的钱以分期付款的方式又让人转手给了我一台卡带式录音机。

每次俱乐部活动一结束，我就飞奔回家，迅速在电视机前放好麦克开始录音。哪个节目都行，但偶尔一次我调到的台里正播放古典交响乐，一录完音我就倒带重听，尽管确实应该在录完音后回放检查一下，但其实是因为我太想听了。空气中流动的名曲旋律一直回荡在我耳边，让我终生难忘。

后来知道彻底俘获我的这支曲子就是由德国门德尔松作曲的"小提琴协奏曲 Op. 64"，播放的节目是 NHK 教育局播的"N

交响乐团"，指挥者为岩城宏之氏。尽管独奏者不明，但自那日的第二天起，每天早上我都是先听完第一乐章和第二乐章再去上学，有时还将三个乐章全部听完。

说古典乐曲自此赋予我生存的力量也不为过。

当时我是日本爱知县立小牧高校的高中一年级学生。早上去豆腐坊打工，白天积极参加排球俱乐部的活动。也是在这一年养父去世了，生活上还是一如既往的贫穷。可高中是我感到很快乐的一个时期。

"逆境培育了我乐观向上的性格"

尽管我自懂事时起就一直过苦日子，但也正因为如此，每天从早到晚汗流浃背的劳作培养了我随遇而安的性格，并练就了我健壮的体格，没有生过什么大病。从开咖啡店算起到2002年（平成十四年），从壹番屋退休的大约30年间，我平均每天睡眠时间只有3~4个小时。

创立CoCo壹番屋时，我每天都是早上4点起床，一个人去各个店铺送货，白天在各个店铺和外面转一转，看到有什么活儿就干些什么，晚上各店铺终止营业，放下防盗门后，半夜零时起又开始了第二天的生活。

扩张店铺以后，我仍然一如既往地在早上5点前就上班，对此早已经习惯了，也愿意这样。我在内心深处下意识地发下誓言，要终生献身于经营事业。

跟养父一起过着有一顿没一顿的日子时，周围人对我们都是敬而远之，这种被人视而不见的经历，让我的意志变得格外坚定。当然，相较自暴自弃的养父，一些大人很同情当时年幼的我。但在大多数人的眼里，浑身脏兮兮的我们爷俩就是只会带来厄运的扫把星吧！

即使在那时，我也从不认为自己所处的环境有多么不幸、多么悲惨，也从没产生过怨恨父母的心理。我对帮父母维持生计并不感到厌恶，没想过过悠闲自在的生活。反而自幼时起我就拼命想讨好养父，想办法让养父高兴。

因此，公司顺利扩张时，我都在努力思考如何回应众人对我的期待，自己的事儿反而退居其次。既不出去游玩也不休息，从一早上就忙于工作，但也不能就此就简单地认为我是个热衷于工作的无趣工作狂。比起休假去海外旅行，我还是更愿意花时间考虑如何能让顾客们满意，我更喜欢看到的还是顾客的笑容。

对我而言，所谓顾客就是家人、员工、当地的居民、合作交易伙伴以及金融机构的工作人员，还有来我们店消费的消费者——和我相关的所有人。

一开始做生意路途虽然坎坷，全靠一路摸索过来，但心情很轻松，只能说我天生更适合做生意。

到现在为止，很多重要的事情或发生转机的机遇，虽然确实都是在某一天突然间被决定，或者根本未经深思熟虑就做出判断，但一旦决意去做后，我就会心无旁骛，倾注全力去做。

我也总和妻子说，我们能做成功的大概也有餐饮业，而做餐饮业也只能开咖喱店才能成功吧！我认为被称为餐饮业的，最重要的既不是口齿伶俐，靠拉客维持生意，也不是为了不输给同行其他店铺就赔本打价格战，进而本末倒置，放弃本应最受重视的必不可少的真心，而是站在顾客立场考虑到顾客的心情，努力提供最高级别的细致入微的服务。可以说这也正是我自幼经历了别人一辈子没经历过的苦难才得来的，以后用于经营公司的宝贵经验。

经常有很多人在演讲会上听完我的幼年经历后，都说没见过在这样恶劣环境下养育出来的孩子。大概是我和别人提及这些的时候显得有点儿云淡风轻，甚至有以前不知道我幼年经历的人干脆认定我要么是在特别自由的环境下被培养出来的，要么就是从父母手中继承的家业。

实际上我自认为是个乐天派，从不觉得自己的出生环境恶劣，反而觉得人生若是从负起点出发就只会一直往上走，即使失败了，大不了再从零开始，重新改过就可以了。这种想法促使我经常朝前思考。

虽然不是在精心呵护下长大的，却培养了我自己的事儿自己做、不依赖他人的独立性格，这些都是作为一个企业家必须具备的素质！

我 40 岁的时候，在母校小牧高校做了第一次演讲。演讲的题目是"从我出生到现在——即使是差生，也没有什么做不到的"。观众都很热心地听我的演讲。迄今为止，我演讲的次数已经超过了 1200 次，想来作为一个三流的企业家，我演讲的次数也是日本第一多的吧?

不过，这大概也是我在自己和他人眼里都是个怪人的原因吧。我的做事原则就是开拓一条专属于自己的道路，不向他人咨询，不遵循业内的常识和已成熟的概念去行事，完全按照自己的想法去打拼一片新的天地，这是我的做事风格。

当然，我从不认为在家庭条件优越的环境下自由长大的总是一帆风顺的人就没有资格成为企业家。

现今经济形势恶化，我很想对那些被严峻的经济形势以及沉重的生活压力压得喘息不上来的、对将来抱有怀疑态度，或者丧失了斗志的人说："这对您来说也许反而是个机会!"而且，"无论处于怎样的境况，哪怕是定下很小的目标，也比没有目标强。"如果目标明确，就一定能够超越现状；不要寄希望于别人；"迈过困难，前面一定有好的事情在等待着您"!

只有经历了痛苦并超越自己才会变得更强，对待别人也会更宽容，以温和的态度对待这个世界。衷心希望各位一定要坚持住，努力克服难关!

第 2 章

全身心地投入到工作中，成为日本第一幸福的企业家

"新店开张的头两天生意红红火火，第三天开始却……"

1978 年（昭和五十三年）1 月 17 日，第一家"咖喱店 CoCo 壱番屋"开张，我时年 29 岁。

谁能预料到地处周边都是田地的"超级三流地界"的这家咖喱店，之后竟然衍生出超过 1000 家的咖喱专卖连锁店呢？这样的奇迹我连做梦都没有想到。

我在开店前一年的 11 月份曾经花了一天时间四处调研地处东京的咖喱店，之后就开始做装修店面、定制广告宣传单、现场查看工程进度、指导厨师等各种开店的准备，最发愁的就是聘请谁来担任店长。

关于招聘，我从没想过一定要招经验丰富的专业人员。我认为即使是做菜，手艺也不是最重要的。只有时刻关注顾客的需求，时刻记得以"微笑、机敏、朝气"的宗旨用心招待顾客就足够了。我认为真诚待客比半吊子知识或技术重要得多。

1978 年（昭和五十三年）1 月 17 日，位于日本名古屋市北西城镇西枇杷岛（现日本清须市）"咖喱店壱番屋"1 号店（图中最右边的店铺）新店开张。周围都是田地，也没有挨着主干道，却是日本第一家咖喱连锁店的发源地。当然现在仍然在营业。

那个时候，在"巴克斯"咖啡店趁着营业间休息的空档，我和很久没见的来店里做家电销售的熟人聊起"要开一家咖喱店，你来店里当店长怎样?"，没想到对方很痛快地答应了。自此以后我就非常看重机遇和第一直觉。这位前川一幸店长在这之前甚至连我们公司最底层的工作都做过，最近退休了。CoCo壹番屋的开张纪念日正好也是他的生日。

终于到了开张那一天，从做开店的准备阶段开始，我们就在店前立了一块榻榻米大小的广告牌，告知开张的具体时日。开张当天不管是庆祝用的广告气球还是花环都十分醒目，对周遭的办公楼或者工厂等处做的广告宣传工作也很充分。

开张头两天选用了在"巴克斯"和"浮野亭"都大受好评的面包做赠品，吸引了很多想要赠品或者对新店感到好奇的顾客。上午 11 点开张时，顾客们接踵而至，很快就坐满了店内的 20 张座席。一张张接连不断的订单让厨房没有一点儿喘息的机会，连备好的米饭数量都不够，有好几次要"巴克斯"派人送些米饭过来，全天生意火爆得超出预期。

由于事先考虑到可能会出现某种程度的混乱，所以在开张的头两天，我们将菜单限定在牛肉、猪肉、甜味猪肉、炸猪排以及牛肉饼的 5 个品种盖浇饭的范围内，那天妻子直美也在"巴克斯"做支援我们这边厨房的后备工作。即便如此，因为忙不过来，菜品质量无法得到完全的保证，甚至在最重要的待人接客一环也马马虎虎冷落了顾客……犯下的错误所引发的严重后果自第三天正常营业起就开始显现出来。

据统计，开店当天和第二天来店里消费的顾客达到了200人以上，销售额共计14万日元，大大超出了预期值，我们夫妻俩曾经商量过"日销售额若能连续不断达到6万日元，就可以开第二家店"，所以在看到统计数额后，我们都感到欢欣鼓舞。

当时连Franchise Chain具体为何物都不知道的我在看到第一天开张的盛况后，马上就想到"可以朝着FC的方向发展，将来多开几家连锁店也不是不可能的"。现在我依然清楚地记得一回到"浮野亭"，我就兴奋地向店长炫耀的情景，然而接下来的事态证明了这个庆祝为时尚早。

"失败不代表不行，
吸取教训，反败为胜"

从开张的第三天起，形势就急转而下，一反头两日的盛况，顾客稀稀落落，店里开始冷清起来。因为开张时有礼品赠送，很多顾客都是奔着赠品来的，还有的顾客是借着刚开张时的新鲜劲儿来的，尽管能够预料到正常营业后顾客数量会减少，但落到如此地步却是始料未及的。最糟糕的时候，一天的销售额只有 7000 多日元，还通常是 12 个人里面有 8 个人是供货商或者妻子的亲戚，也就是说真正的外来顾客仅有 4 位。

很快我就找到了原因。开张头两天因为太忙，服务很不到位，对顾客的招呼不周招致彻底失去顾客信任的严重后果。

店长和员工们与其说是经验少，不如说是完全的外行，自以为顾客不会在意，直接将滚烫的还冒着热气的咖喱端给了顾客；米饭不够的时候，却让仅有短暂午休时间的顾客久候；没炸熟或者炸糊了的猪排也直接端给顾客。

这些别说是发生在宣扬手工制作的美味咖喱店了，在任何地方都是不可原谅的。咖喱专卖店本不该有的失礼状况相继发生。

很快日销售额 6 万日元的目标就大打折扣，每天日销售额勉勉强强在 2 万日元左右，信誉失掉一次就很难挽回。

我去一邻之隔的咖啡店消费时，身后座位上男顾客说话的声音传到了耳边，大意是："估计隔壁的咖喱店马上就要开不下去了吧?""咱们要不要赌一下它什么时候关门?"……

不知为什么，这种偶尔听到的关于自己店里的谈话让我脸上火辣辣的，感觉被骂了一样。同时，这些话也激起了我火一样的斗志。

我们夫妻一直有这样的自信："以我们的咖喱和顾客至上的真心，绝对是没问题的!"尽管这话说起来似乎毫无根据，但如果我们真的能像最初开咖啡店那样用心努力经营，就一定会把店开好，我们有这样的把握。

正如前面提到过的，我不是那种能事先洞察一切并加以深思熟虑的人，总是突发奇想，或者一说完就鲁莽地直接试探。被骂或者自己意识到失败时，我会考虑一点点矫正。特别是我选的店长也不是餐饮业的内行，而我身为老板，连怎样炸猪排都不知晓，我决定从这些入手重新开始。

不管遇到怎样的挫折，为顾客服务是第一的信念始终不变，我也从不认为开店会很轻松。

开张一个月后，我一知道能买到可以自动设定温度的更为方便的炸锅，就立刻买了一个带恒温器的，淘汰了一直在用的中华锅。又过了不久，为了节省刷盘子的时间和人力，我引进了自动洗碗机。通过这样一点点的改善，将精力更集中在如何接待顾客上。

当时我和妻子是这样分工的，由妻子掌管"巴克斯"，而我负责"浮野亭"。CoCo壹番屋的事务大多交给了前川店长。咖喱店的生意一直不见起色，为了招揽生意，我们夫妻俩每晚都在自己的咖啡店关门后，步行到咖喱屋，坐到距离店门口近的位置上点一份咖喱饭吃。

为了让人感觉店里的生意很好，进而吸引更多的人进店，我们真是想尽了各种办法。例如一直到下一位顾客进店，我们才假装刚吃完，盘子还没来得及收的样子；或者时不时到10点才关门；连着过去几天的收银条放在一起，让顾客在结账时看到，所有这一切都是为了让人感觉店里的客流量很大。

我们还让店员早早地在开店的时间将私家车停放在店前的停车场，就好像一早就有顾客上门光顾的样子……每天这样一点点地努力，不只是为了提高哪怕一点销售额，更希望能够更多地站在顾客的立场考虑。

通过持续不断的努力，进店的顾客数略有增加，口碑也从开张时的差评转变为被人口口相传的好评，每个月的日平均销售额差不多以5000日元为单元上涨。到了10月份左右，终于达成了日销售额6万日元的目标。

这个经历让我意识到做生意无论是所处的地面不利也好，外行也好，不管怎样都要先去做，一点点地努力改善。即使刚开始的销售额不高，但只要每天有所增益，结果就会成功。从仅有的3个店铺，我已经开始肯定了这个观点。

特别是因为我们都是从完全不相关的领域转行到餐饮业的外行，既没有固定观念，也不具备业内常识，就想凭着新鲜劲儿是无法一口吃成个胖子的。只有在不停地跟顾客和交易商打交道中得到锻炼，即使犯了错误失败，受到很严厉的斥责，也会转变为对将来有用的经验教训。

而一下子就把店开成旺铺，受这种幸运之神眷顾的经营者会在生意和经营上生出懈怠之心，更容易受到生意以外的事情干扰。

"为了将全部精力都投入开咖喱专营店上，忍痛卖掉了咖啡店"

秉承一颗诚心诚意的真心招呼顾客，让顾客品味到好吃的咖喱饭——从开张前我就反复向前川店长强调这一点，前川店长渐渐地也开始理解并接受了我的观点，不仅以认真的态度对待工作，连细微之处都注意到了，随着对工作越来越得心应手，工作成效日益显著。

以前我们就定下了这样的目标"日销售额如果达到 6 万日元，我们就开第 2 号店"，有了前川店长的鼎力相助，开张不到一年，就已预见到了发展潜力，于是我们开始着手准备开第 2 号店。

1979 年（昭和五十四年）2 月，在日本爱知县西北部的一宫市我们开了 2 号连锁店，同年 3 月，一鼓作气在相邻的日本稻泽市又开了第 3 家店，店长通过打招聘广告招来了不少人才，我和妻子直美仍在现场做示范带头招呼顾客。经营 1 号店时的艰辛让我们心有余悸，虽说对各方面都越来越有自信，但也完全不敢大意。

另一方面，我们夫妻面临着必须做出重要抉择的关键时期。CoCo 壱番屋已经开了 3 家连锁店，而我和妻子分别作为"浮野亭"和"巴克斯"的管理者，仍然一如既往地站店，每天营业结束后，再去 CoCo 壱番屋的各个店铺。

此时的我已决意将全部精力都投入到开咖喱店上，而当时两个咖啡店都以妻子管理经营为主，我向妻子提议将两个咖啡店卖掉。这个时候还不能说咖喱壱番屋的生意已经稳若磐石，妻子如果认为这是为时尚早的判断、该提议鲁莽并加以反对的话也不足为奇。但令人意外的是此次仍和从前一样，妻子接受了我突然提出的建议，并支持我实现理想。

一般在咖啡店里，很多来店消费的顾客都是想找店里的老板娘或者老板聊聊天，这种以熟客为主的店铺很难扩张成多家店铺。虽然我们店没有采用该种经营模式，但经营效率依然很低，我认为很难将店铺做大。

但对我而言，放弃这么兴旺的店也是非常可惜的，放弃店铺意味着放弃了苦心经营出来的与熟客、当地居民之间的关系。更何况这个店还是让我们领略到餐饮业魅力、促进我们成长、改变我们一生的店铺。

下这个决定虽然很痛苦，但如果想向新目标前进，就必须痛下决心。

促使我们做出这个决定的还有另外一个原因，"不想对没有孩子的人生感到后悔，如果不能生孩子是没有办法，但如果能生就特别想要个孩子"！

到那时为止，一直都是我们夫妻俩相互扶持，将全部的身心都投入到工作中，但妻子马上就要 30 岁了，肯定想过要孩子的事。而我在这个世界上一直是孤零零的，没有任何亲人，一想到会有一个和我有血缘关系的孩子，我就更激动了。

感谢上天的眷顾，妻子很快怀孕了，虽然不用经营咖啡店了，但还是没有休息的机会。不论是白天还是晚上，分别到 3 个咖喱店帮忙，比以前更忙了。

既要指点没有经验的新招聘来的店员的工作，还要在饭点儿的时候挺着大肚子下厨房帮忙，加之身兼经理的职责，又要帮我做会计和资金管理等工作。特别是在招呼顾客方面，对器重的下属或温柔或严厉地加以指导。

我陪在妻子身边，虽说担心妻子和肚里的孩子，但妻子对于店铺来说确实不只是顶梁柱，更是代表了 CoCo 壱番屋的招牌，我只能在旁默默地守护。

同年 12 月，我们用卖咖啡店得到的钱，再加上从日本尾西信用金库借到的贷款，在与日本岐阜县交界的尾西市（之后隶属于日本一宫市）购买了 80 坪（约 264.5 平方米）的土地，盖

1979 年（昭和五十四年）11 月，位于日本尾西市（现一宫市）沿线的兼带"CoCo 壱番屋"第 4 号店（尾西开明店）和家用（二、三楼）功能的 FC 总部建成。招牌的底色为黄色，深棕色的 LOGO 标识格外醒目，容易被过往车辆看到。此时我们将目标定为开十家门店。

了一栋附带住宅的三层建筑做店铺。

这个商铺是壹番屋第一个拥有自有产权的店铺。一楼作拥有 16 个座席的 CoCo 壹番屋 4 号店和 Franchise Chain（FC）的总部用，二楼和三楼为我们的私宅。为了将来能够拓展 FC 业务，还设立了中央厨房。之前在 1 号店制作的咖喱以后全都转移到这里制作，剩下大约 10 坪（约 33.1 平方米）的地方留作冷冻库和冷藏库用，替代了原有的负责运送店里使用的食材、器皿、消耗品等物的配送中心的功能。

中央厨房内设置了六组直径和高均为 60 厘米的铝制圆柱形深底锅，用来轮流煮炖咖喱。盛夏时节，所有的锅都点火的时候，不同寻常的暑热使室内温度高得让人无法忍受，但即使这样，也不允许将重要的咖喱熬煳。在这里只能靠人力手工不停地在大锅里搅拌，不允许有任何停歇。

自开张起两年间，为了扩张所定的体制开始成形。

尽管当时我们夫妻俩已将目标定为以总部为中心，扩张到 10 家店铺，但当时这个计划听起来有点儿像天方夜谭，只能是我俩默默隐藏于心的秘密，不好意思对外人言说，说实话，连我们自己也不知道是否真能实现这个目标。但我感觉已站到了起跑线上，满怀喜悦，那时的我刚好年满 30 岁。

与 FC 总部（兼营 4 号店）一同设立的中央厨房内配置了 6 组铝制寸胴锅（直径和高均为 60 厘米）。因为室内没有空调，室温常超过 40 摄氏度，工人们手工搅拌咖喱的工作十分辛苦！

"大诀窍——根据顾客自己的喜好调整米饭的量和辣度"

正如到过我们店消费的顾客所知道的，"咖喱店 CoCo 壱番屋"最大的特点就是顾客可以自行选择米饭的量和盖浇料的辛辣度，备有各种盖浇料的混合菜单的品种非常丰富。

我最早考虑要开一家咖喱饭专卖店的时候，就决定了"现在的店铺普遍都采用大碗或小碗定量供应的方式，太没意思了！我们店要让顾客拥有自由选择的权利"！按照这个想法，在开业的时候，我们将店里供应的米饭量的标准定为 300 克，最低为 200 克，在咨询过顾客的需求后，以每 100 克为单位逐次添加。

也许顾客们会举出几个彰显"CoCo 壱番屋"魅力的闪光点，但我从经营层面上考虑，还是认为最大的魅力当数顾客可以根据自己的喜好自行决定饭量，大概也是因为这样的经营方式在日本第一次出现吧。

当时开张时的价目表如下：标准碗装牛肉饭 480 日元；猪

肉饭 300 日元。每增加 100 克的量,牛肉饭加 100 日元;猪肉饭加 80 日元。逐层递增,采用的是这种叠加式的差额价钱体制。

这是我们公司最早提供的服务,大受感觉定量供应吃不饱的公司职员和学生们的欢迎,成为之后公司飞跃发展的原始动力。

但这种"大碗服务"也存在值得反省之处。我们在想了解顾客到底最多能吃多大的量时提出如果顾客能在 20 分钟内吃完 1300 克(也就是 4 份多标准碗的分量)大小的饭量,就可以免除相应的餐费。这是一项从没有过的既大胆又很罕见的服务,为人们津津乐道,甚至有人从很远的地方专程过来挑战。

当初我羞于提到这个话题,面对媒体的采访总是采取拒绝回答的态度,对这种将珍贵的食物儿戏一般供应的做法感到不齿和内疚。

两三年后我接受了媒体的采访,话题都是围绕吃完以后就可获得免费优惠幅度的巨大分量的咖喱饭。虽说对我们拓展多家店铺起到了宣传作用,但直到现在为止,我仍然无法释然。现在一部分顾客对该服务的呼声仍然很高,但最近,我还是将该活动废除了。

开张第二年,店里开始提供让顾客根据个人喜好自行选择辛辣度的服务。调辣味儿的香辛料最早是由调料供应商大力推荐的,"加上这种粉末儿就辣了"!我们试了一瓶,又尝试了以辣椒和胡椒为主的各种各样的调料，最后制得了店里独有的香料。

东京已经有咖喱专卖店在提供同样的服务，但"咖喱店壹番屋"为了将辛辣程度区分得更清楚明白，采用了将辣度分级的策略。除一般的甜味和原味外，针对喜欢吃辣的顾客，我们将辛辣度划分为第一级到第五级，又将印有辛辣程度表的大海报张贴在店内的墙壁上。现以店里的主页和店内菜谱上标识的辛辣表为参考加以介绍，内容和当初略有不同。

甜口——适合儿童和不能吃辣的人。

普通——所有咖喱都自有的一点微辣味儿。

接下来为了提醒顾客不要做盲目的挑战，以一种注意事项的形式编撰了下表，看起来也许略显奇怪，但也是为了请顾客做选择时慎重起见，根据自身情形酌情考虑，如有失礼之处敬请谅解。

一级辣度—— 吃起来很痛快，但吃三口就开始觉得辣了。

二级辣度—— 开始滴滴答答淌汗，连耳朵都会变红。

三级辣度—— 眼睛不舒服，十二指肠受刺激有发热的感觉。

四级辣度—— 脑袋涨痛，感觉像喝醉了一样晕乎乎的。

五级辣度—— 全身疼痛，三天无法上班。

五级以上辣度—— 内脏破裂，需要就医（仅限尝试过五级辣度的人食用）。

加一级辣度需追加 20 日元，二级辣度加 40 日元，如此类推，每递增一级辣度就追加 20 日元。

对五级以上辣度的菜品采用了超辣咖喱。仍然按辣度等级追加费用，最高级别为十级。

如此确定的"CoCo壱番屋"的顾客可以自行选择米饭量与盖浇料辣度的服务一直延用至今。但混合菜单当时仍处于筹划阶段尚未成熟，这也是因为盖浇的种类越多，顾客花费的金额也越多。可有时候顾客自己会要求"在牛肉饭里再加块儿炸猪排"……我们当然很乐意提供这样的服务。

虽说每个人的喜好口味各不相同，但味觉、喜好，有无食欲或者是否饿等具体情况都是因人因时而异，男女以及大人小孩之间因为个体的差异更是如此。

然而，当时的饭店提供的都是无差别服务，供应给食欲旺盛的年轻人和胃口弱的老人的分量、味道都是一样的。如果是一家三口来吃饭，都点了咖喱饭，也仅是上了三份相同的饭菜而已。

但在"CoCo壱番屋"，顾客就可以给孩子点一份 200 克的甜味咖喱，女士则是普通装不太辣的 300 克分量的咖喱饭，给男士的不但是一份 500 克的大碗咖喱，还要加上三倍辣度，这样每个人都可以按照自己的饭量和喜好享受美食。如果是一对情侣来吃饭，男孩子和女孩子都可以按照各自的口味来调节辛辣程度，吃饭的氛围既融洽又合口味。

来吃饭的男性不管是个人还是几个人一起来吃，都在人数上占了压倒性优势，因为吃得既饱又感到痛快，好评渐渐多了起来。

尽管人和人之间存在着差异，但咖喱饭也好像在人与人之间找到了一种平衡，一段时间不吃就会让人产生非常想吃的欲望。据说有人一周不吃口辣辣的咖喱，就会浑身不舒服，已经对咖喱上瘾了。

而且这种感受跟季节毫无关系，丝毫不会受气候的影响，又因为不存在味觉和地域性差别，所以客源相当稳定，开店一个月，店里开始出现了咖喱爱好者。

尽管当初创业的过程非常艰辛，但在和外行店长一起努力下，再加上能够用店里口碑极好的调料自行调配出喜好的咖喱口味的独有的服务，"CoCo 壱番屋"的业绩渐佳。

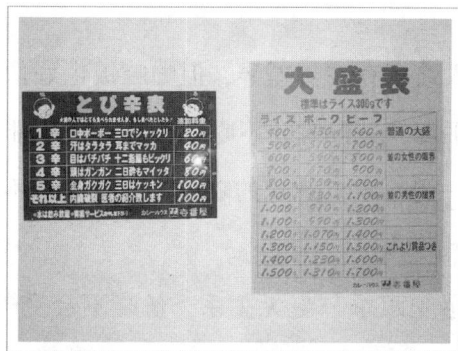

创业时各店铺里张贴的"辣度表"和米饭的
"饭量规格表"。顾客可以不限次地自行选
择咖喱的味道以及饭量，因此广受好评。加
之辣度表设计得有趣，成为人们津津乐道的
话题。

"最早加盟 FC 的条件是对方必须是夫妻，并且承诺专职做咖喱屋的生意"

大家都知道 Franchise Chain 指的是持有权利和商标、知识产权的总部与加盟店签订合同，再按照总部的规则，加盟商使用相同的招牌，并采用相同的营业模式运营。如果是餐饮业，就要以同样的口味供应顾客。加盟店将一部分利润作为指导费支付给总部，该方式已经成了一种商业模式。

现在 FC 模式已适用于所有行业，并进入了兴盛期。

我先在 FC 总部所在的 4 号店的路边立上一块儿醒目的大招牌，上印"招募加盟商"几个大字。其实此时也只是停留在一个初步设想阶段，至于再往下怎么做还没有想好，但我想读者读到这儿也许会明白这是我一向的作风吧？

实际上，当时我还对 FC 的相关知识不甚了解。1 号店开张的当天，我就考虑到将来要做 FC 商务并加以拓展，并打算收集一些相关的材料，但实际做到的也仅限于在笔记本上记录点儿合同条文以及加盟的条件。

那时，继拉面馆和便当店之后，便利店、快餐业的 FC 拓展业务正发展得如火如荼，成为热点话题。具有商业性质的 FC 主宰者们活跃于报纸和杂志中，各地都召开关于 FC 的专题讲座，广受该行业专业经营顾问的关注，但对此我都无动于衷、毫不关心。

在集结了数十家乃至数百家加盟店的耀眼的光芒背后，是以经营指导为名目的指导费争夺大战，或者从总部分离出来、搞相同业态 FC 的分派活动……总之，总部和加盟店之间矛盾越来越多，FC 分崩离析也不足为奇，时有耳闻。

而我别说是具备非凡的领导力了，连大家广泛认可的 FC 主宰者必备的口才和指导能力也都与我无缘。只能一步一个脚印踏踏实实去做，先创立自己理想中的 FC 总部，再不骄不躁，徐图发展扩大。

我对加盟商提出的条件中最重要的一点就是要求夫妻俩自己努力去做，相互扶持，将全部精力都投入到专营咖喱店上。如果是因为有做副业的资金，或是拥有一家黄金地段的店铺，而本行不在于此，只想将咖喱店作为一项副业来要求加盟的，我会一概拒绝。

迄今为止，FC 业界一直都面临着激烈的竞争，FC 总部的数量恐怕已飙升到几千，都在忙于扩张。而我作为其中的一员，如果对方是以企业多元化或者以副业、投资的目的而要求加盟的，我都一概拒绝。"咖喱店壹番屋"几乎不问是否有资金或店铺，只寻求有诚意的伙伴加盟。能做到这一点的唯有"CoCo 壹番屋"。

之所以如此，就是缘于我相信街面上小餐厅的优势不在于菜品的味道、价格、种类以及内装修等外在表现形式，而是不管在哪儿、无论何时，以老板为代表的从业人员们的一片感恩之心（真心）。

正因为如此，我们在 FC 的起步阶段就揭示了与众不同、独树一帜的加盟条件，并将条款记录在 FC 加盟店招商的募集书中。

·能够严格践行由 FC 总部积累出来的可以让店铺生意兴隆的运行体系的人。

·能将全副精力都投入到经营"CoCo 壹番屋"的专职人员。

·自制力强、身心健康、重视家庭的忠实可靠的人。

·有创业欲望的人。已独立自主或者正在考虑改行的人。认为这个工作是项只要努力就会百分之百有收获的人。

另外，我们不收取其他 FC 都要求的部分利润作为指导费。虽然所做的金融指导值这个价钱，但因为对加盟商供给公司自己制造的以咖喱盖浇料为主的食材，就能从中赚取适当的利润。

并本着实现"共存共荣"的真正意义，总部不再获取双重利益，促使加盟店的优势得以最大程度地发挥。

也就是说与其寄希望于加盟商付出相应的努力经营商铺，不如刺激商铺的利润持续上涨，这才是能让总部与加盟店的信赖关系保持的唯一的，也是最好的方法。如果能够做到这一点，FC 的商务模式就一定会顺利运转。

如果因为收取部分利润引发加盟商对总部的不满，就容易让加盟店失去干劲儿、销售上马马虎虎，或者另寻其他渠道进货……在 FC 业界，这类因为矛盾激化、脱离总部自立门户的新闻层出不穷。

根据业内的经验，我自行编制出一套总部与加盟商协同合作、互助互惠的"走向成功的方程式"。该模式增强了我的信心，相信只要坚持不懈一步一步朝前走，即使慢也绝对能取得成功。

该方案作为一项创新举措受到了业界的广泛关注，媒体也大肆进行报道。事实上确实可见一个一个加盟店的利润在上涨，并成为一位 FC 加盟商开第二家、第三家店的动力源泉。

当初我常挂在嘴边的"店铺是为了顾客而存在，FC 总部是为了加盟店的各位而存在"的口头禅，已开始在现实中逐渐发挥出作用。

"对蜂拥而至的应募者找理由拒绝真是很难"

1980 年（昭和五十五年）4 月下旬，终于迎来了心心念念的 FC 1 号店的开业典礼。因为开张当天太忙，总部派了数名工作人员支援。对我而言，这家"稻泽国府宫店"是家应被纪念的店铺。

作为当时 FC 加盟的标准样本，店铺由夫妻二人主持，雇用了数名小时工。铺面 12.5 坪（约 41.3 平方米），设 18 个座席。开店的资金预算为 1000 万日元。该设计源于只要用心向上万人提供怎么都吃不腻的咖喱，生意就一定红火的构想。这家"咖喱店 CoCo 壱番屋"第 5 号店一开张月销售额就达到了 180 万日元，轻松超过预期 130 万日元的盈亏临界点目标。

同年 9 月，FC 2 号店"蟹江店"继该店后开张。

可以说壱番屋的 FC 体系功能顺利平滑提升。尽管规模不大，直营店和 FC 店加在一起仅 6 个店铺，仅勉强算得上很小的新兴势力，但各店常客数量一直增加，在日本爱知县西部的知名度也越来越高。由于加盟商不必向总部缴纳部分利润做提成，不断有企业或个人资产家听说后前来咨询 FC 加盟的相关事宜或者申请开加盟店。

可其中的许多人要么希望出 2000 万日元或者 3000 万日元以取得一定地域的营业权，要么想作为多元化经营的一环，能够以副业的形态经营……这些都不符合壹番屋的"夫妻二人专职经营店铺"的 FC 加盟基准条件。

实际上，来咨询加盟 FC 的人大多由于不符合加盟条件，我们只好婉言谢绝，有人就会大发脾气："无论去哪个地方的总部，都是对方催促我们何时签约，而你们为什么要拒绝？"

每当面试时，我都会全神贯注考察对方的人品以及思考方式。最优先考察对方加盟的动机以及如何判断盈亏，接着就是辨别对方是只想做个固定资产投资，还是待店铺运行良好后就当个甩手掌柜不再认真去干……这样可能会有损店铺声誉的人只能在面试的时候被分辨出来加以淘汰（也出现不少判断错误的情况）。

另一方面，继续稳定扩充生产供给体制。截止到该年年底，FC 总部的中央厨房生产能力已经提高，咖喱盖浇料的日产量达到了 4000 份，供给 20 家店铺绰绰有余，配送车的数量也达到了 5 台。

虽说 FC 店铺的数量增速很慢，但我对此并不焦虑。

从我的角度来看，"CoCo 壱番屋"向顾客提供咖喱这样的家常饭，并具有"家"的味道，可以试着将其打造成地域密集型的生意火爆的食堂的感觉。要达成这样的目标，FC 老板就应该身先士卒做出典范，汗流浃背亲自下厨房干活，尽心尽力将店开好，也就是说我根本就不打算在要求对方是态度认真、热衷于生意的夫妻这个原则上妥协。

但其实能满足这样条件的合适的夫妻也不好找。一方面打着招募 FC 加盟商的广告，一方面又要面对着一些来总部面谈的热切希望加盟的人，绞尽脑汁找一些理由加以拒绝。

和从前相比，我们并不打算改变方针，依然是戒骄戒躁，一步一个脚印儿稳扎稳打往前走，但此时壱番屋 FC 总部的体制日趋完善，要实现从开张时起我们开 10 家店铺的梦想，又值此正当大家齐心合力、朝着下一个目标乘胜追击之际，谁都不愿丧失这样一个趁势积极扩张的机会，而由于拘泥于最早决定的条件，我渐渐开始感觉到可能会因此错失来之不易的机会。

"推行鼓励员工自己开店的遍地开花体系"

1981 年（昭和五十六年）1 月 4 日，我于新年晚会上向 FC 总部的员工以及直营店的店长们致新年贺词后，第一次宣布了具有重要意义的新决策"为想今后自己开店的员工设立连分制度"。

我将该制度称为"遍地开花体系（简称 BS）"，是自从上一年的秋天，我在了解到有的员工很希望将来拥有一家属于自己的"CoCo 壹番屋"店铺后，就一直考虑筹划出的本公司独有的制度。

遍地开花制度取自英语"bloom"，意思是"开花""让花朵绽放"，是我查过《和英字典》后定下来的名字。对我而言员工就像含苞待放的花苞，如果能将员工们早早培养成独当一面的经营者，无异于像花朵绽放一样。我也衷心希望拓展壹番屋连锁店的梦想能够盛开出大大的花朵，这就是我的愿望。

现在有很多连锁店都采用了员工独立制度，但在当时的餐饮 FC 业内，该制度还属一项创举。

实际上，从能够理解 FC 总部的做法以及思考方式这点来看，在壹番屋工作过的已经有经验的人当然最占优势。从公司的角度来看，如果是通过了公司待人接客的严格训练，并学会了烹饪技能的员工加盟也是最有利的。大家因为相互熟识，沟通起来也容易。

尽管很多人认为若从强化组织结构这一点来看，放有能力的人才出去自立门户无益于公司的发展，我却完全不这么认为。

精通业务的员工几年后辞职成为"CoCo 壹番屋"的老板确实会让其所在的店铺或者 FC 总部感到为难，但对接下来的招聘战略极其有利，试想这样的标题："你想不想将来也成为 CoCo 壹番屋的老板？""招聘实习老板！"再加上相继实现的员工变身老板的案例，会激励新招人才的水平大幅度提高。

正式开始导入遍地开花体制的同时，完全终止了对一般加盟店的招商工作。该决定让公司内部的积极性更高，成为之后扩张店铺的原始动力。根据 BS 制度所推行的多店化格局在餐饮业界以全新的全国连锁店的势头发展。

我将工作人员可以独立开店的资格定为连续工作一年以上（后来变更为两年以上），并具有至少三个月身为店长的工作经验。

员工独立开店时，可从公司融资到 240 万日元，且不收取利息，以作为开张的一部分资金，并享有 FC 加盟金九折优惠的待遇。除此以外公司还设立了细致入微的援助体制，如帮忙装修、租赁设备机器，帮忙介绍金融机关、商讨融资等相关事宜。

尽管所处位置有所不同，但开店的标准（当时）定为面积 12.5 坪（约 41.3 平方米）、开张资金（包含店铺押金在内）1200 万日元，这在当时的东京等地已是便宜得让人无法置信。新店基本都开在郊外，因地段不佳，押金和租金都很便宜，而且和一般 FC 店一样，员工自己开的 BS 店也不必上缴一定的利润，成功的概率变得更高。

FC 总部每天给 BS 店配送必备的咖喱盖浇料，根据店家的需求，还会配送牙签、餐具洗涤剂等杂货、消耗品及其他物件（大米、啤酒除外）。曾当过壹番屋员工的 BS 店的加盟老板，由于都有过在直营店做到店长职位的经历，对招呼顾客的技术得心应手。待到自己身为老板经营时，都很自然地以顾客第一为己任，接下来只要提高销售额就可以了。

3 月份，遍地开花体系下的第一个 BS 店"一宫富士店"开张。最先由某个直营店的店长提出了要挑战成为独立的"CoCo 壹番屋"老板的申请，并很快符合员工连分制度的标准，于是我们就签了合同。

这家值得纪念的 BS 1 号店老板林俊弘氏，果然不辜负包括我在内的众人的期望，将店开得红红火火，并在之后的数年间成了 8 家店铺的老板。林氏的成功作为遍地开花制度的经典案例，激励了其他很多想独立开店的预备人员，该年又相继开出了几家由员工自己开的分店。门店数量由上一年的 6 个店铺成倍增长，一气儿增加到了 15 个店铺。

"为什么以 BS 模式开出的
店铺成功率高？"

遍地开花系统（BS）成为之后"咖喱店 CoCo 壱番屋"展开多店铺战略、实现飞跃发展的巨大原始动力。

截止到现在［2009 年（平成二十一年）9 月末］，现有的1207 家店铺中，75％的店铺都是 FC 加盟店，而 BS 店又占了其中的绝大部分。

现在所用的 BS 政策和当初拟定的策略基本上保持原则不变。只是在条件等处更改过几次，现就已确立的体制略加说明。

一般的 FC，即使是外行，只要有干劲儿和资金就比较容易加盟，多是签了合同就可以开张。这些加盟商常拥有别的主业，加盟可能只是为做个副业经营。FC 加盟商根据行业种类形态的不同，实习期一两个月。

而由我们公司独自开发的 BS 体制，不管有无餐饮业经验，都要求先到我们公司正式上班，边在店里工作边学习如何成为店铺的老板，即必须学会必备的职能，并有所心得体会。

学习当老板，要从学习壹番屋"微笑、机敏、朝气"的社训开始（本公司精神的精髓所在）。我们还将迄今为止总结出的有关店铺运营、人才管理、员工培训、经营知识等管理店铺的经验编制成册，这些教育内容都可以在工作现场习得。

其中，老板最应做的就是起到表率作用。如每天打扫店铺的周边，一个人招呼数位顾客："欢迎光临！""您好！""谢谢！"用这些诚挚的问候将一片感恩的真心传达给每位顾客。也就是说在"CoCo 壹番屋"学的不是形式，而是真正的经营态度以及本质。

为了真正掌握经营好店铺的能力，在取得 BS 独立资格之前，要先以候补员工的身份进入公司工作学习，最快的需要两年，普遍平均花费四五年的时间通过考核。

希望走 BS 路线开店的人从加入公司到成为独当一面的老板的这段时间，必须经过以下九个阶梯式阶段的考验。现将每阶段要求达成的目标以及掌握的技能总结如下。

第九级别——成为正式员工后接受新人培训，实习一个月。

第八级别——做洗碗工，掌握整个店里的工作流程。

第七级别——负责盛饭，要求能够准确、动作麻利、漂亮地装盘。

第六级别——负责煎炸工作，基本要求是能够为同一张桌子的顾客同时供应咖喱，控制好盖浇炸物的油炸时间，做出整个菜品。

第五级别——掌握能做出好吃的"CoCo壱番屋"咖喱饭的烹饪技术。

第四级别——培养管理能力，能够合理管理人力成本。

第三到第一级别（店长）——学会管理人、物、钱，并能管理整个店铺。

如果通过了三级以上的考核，员工就获得了独立经营店铺的资格。公司会根据人事评估制度，以招呼顾客、烹饪、卫生、店铺运营四个指标为基准，严格对各店店长进行评估。若各项指标都合格，公司就会正式承认员工具备了能成为"咖喱店CoCo壱番屋"BS店老板、独立开张的资格。

因此，并不是每个想拥有自己店铺并接受过培训的员工最后都能获得资格。这正是对正式员工采用连分制度"BS"的严格之处。如果能够凭借自身的努力，即使在别人眼里再没用的人，公司也不会轻易放手，会毫无保留地给予大力支持。实际上，有人就经过10年的努力才获得公司独立资格的认可，现在成了生意红火店铺的老板。

反过来说，这份严格与关爱的结果就是通过BS独立资格考验的人的成功率极高，这也是成功背后的原因吧？

现在，标准规模的店铺面积为28坪（约92.6平方米），除客座外还设了包厢，共 36 个位置。开张资金至少在 2300 万日元，但几乎都是从金融机构融资获得，由本公司做债务担保。

而为了避开与其他店铺的竞争，在选择店址时采用了区域制，新店开在哪里都是由 BS 店主与本公司的 FC 总部协商后决定，之后从店铺设计、施工到确保人才、食材的稳定供给，当然都是由总部对 BS 店的开张提供全方位的支持。总部就是为了加盟店而存在的。

"目标客户为家庭的试行店铺
成了超级旺铺"

1982 年（昭和五十七年）"咖喱店 CoCo 壱番屋"迎来开业第 5 年，FC 的展开工作也进展得得心应手，我开始着手做下一步的准备。

首先就是将自创业以来一直作为个体经营的商业属性更改为法人组织。直到那时，与其说从没认真考虑过法人化，不如说连考虑的时间都没有过，每天都埋头于生意中。但随着店铺的扩张，无论从调转资金还是雇用人员层面，法人化都十分有利。作为上一年销售额就达到近 3 亿日元的企业，可以说现在才法人化已经相当迟了。

7 月 1 日设立的"壱番屋有限责任公司"作为 FC 总部，负责咖喱及菜品的制造销售、餐饮店的经营指导等职能，同时又成立了负责直营店的"壱番屋店铺运营有限责任公司"。同年10 月，设立了从总部分离出来的负责制造部门的"壱番屋食品原材料有限责任公司"。为了稳定各自经营的基盘，由我担任三个公司的总董事长，妻子直美任专务董事。

随着公司法人化的确定，自创业以来的标语"微笑、机敏、朝气"作为公司的社训，奠定了公司经营方针的根基。从那时起，不管是我还是员工，以及 FC 老板和服务员们，都在反复高呼这个口号的过程中，牢记该精神，并赋予我们必胜的信念和力量。

此时的我对一件事念念不忘。

上一年的 1 月份，在总部附近的纺织公司旁，我们开了一家"尾西起直营店"。但无论怎样努力，销售业绩也没有明显提升，最终这家店在开张仅半年后被迫关门。

很久以前，我们就很想开这家尾西起店。因为从总部开车到这里只要 5 分钟左右的车程，便于管理，当时又很想尽快再开一家店，这里房租也便宜，于是开了该店。

当时我起用了年仅 21 岁的滨岛俊哉（壹番屋现任总董事长）做店长。这个年轻人 19 岁的时候就在 1 号店做小时工，在前川店长严格的待人接客的训导下迅速成长，我看到这个小伙子时，觉得他虽然年轻，但工作能力卓然超群。

每天我都会开车往各店配送食材。到尾西起店既顺路又惦念着客流量，一天总去巡视一两次，听一听滨岛店长关于如何打开销路的建议。可即使滨岛店长几个月都住在店里不回家，把全部精力都用到开店上，仍然不见店里的生意有起色。我能感到滨岛店长已经拼尽十二分的努力经营店铺，想尽一切办法让销售额有所增加。

遗憾的是随着日本纤维产业的衰退，周边也跟着失去了活力，附近的居民没有到外面吃饭的习惯，无论白天还是晚上，上门的顾客都极少。

因为赤字被迫关店，是我作为最高经营者的失策，不能责怪他。但对本公司而言，不要说以前，就是之后的十多年也没有出现过闭店的情况，这次罕见的失败绝对不容忽视。给大家和附近的居民都添了很多麻烦，这时我从心底发誓："出现赤字关门是经营者的罪过，以后绝对不容许这种情况再发生！"

因经济效益不好而关店的尾西起店负责人滨岛原店长，第一次尝到了屈辱的滋味，之后他作为骨干人员被分配到支援其他店铺的后勤部门，事实上是被降职了，再次挑战的机会也被剥夺，毫无疑问会悔恨万分，我很早就察觉到了这一点。一年多后的一天我把滨岛叫来，告知他我打算起用他作为对壹番屋的将来发挥重要作用的新店店长。

"希望你曾经的失败和一直忍受的痛苦会让你成功！"

两个月后的 10 月份，由滨岛店长统率的岐阜市桥店开张，作为"CoCo 壹番屋"直营店，第一次配置了客席与包厢。店铺面积 36 坪（约 119 平方米），共设 50 个客座，其中餐桌占 42

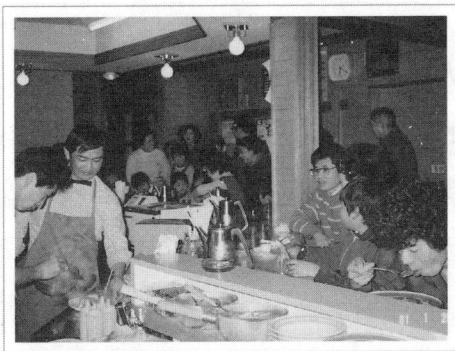

1981 年（昭和五十六年）开张的尾西起店的快照，在我的左边跟我学习如何摆盘的是当时 21 岁的滨岛店长（现为壹番屋董事长），因为店里的生意不好而住进二楼苦心经营的年轻人。虽然对工作既热情又执着，却依然没有避免半年后闭店的命运。这也是我当董事长期间唯一一个因为效益不好而关门的店铺。

席，并配备了可容纳 20 辆左右汽车的停车场。这家超大型咖喱饭专卖店，触及了我们所未知的领域，可想而知开一家全新业态的店铺，对我们来说既充满期待又满怀不安，这种喜忧参半的心情中，夹杂着我们对"CoCo 壱番屋"成长转折点的巨大挑战的决心。

新店在莫大的不安中开张，答案也随之揭晓，开门后很快就有带着家人的顾客和散客及结伴而来的顾客陆续排起了长队。开张头两天，每天的客流量超过了一千人，很快就在附近广受好评，各种团体进店消费的比重越来越大。

岐阜市桥店的平日客席周转率（用一天的进店消费客流量除以座席数得出的数值）达到了 7 次，是一般餐饮店的近两倍。周末及节假日的周转率更是攀升到近 20 次。岐阜市桥店的成功证明了今后开面向家庭或团体的大型店的可能性，滨岛新店长也出色地挽回了名誉，对此我喜不自禁，再没有比这更值得高兴的事了。

第 5 年公司法人化，并整顿了经营体制。因为第一次挑战大型店铺成功，为了尽快推进到下一步，我们开始着手筹措更大的项目，至此正式将多店铺发展提上日程。而现有的总部事务所以及中央厨房的规模，已不足以应对当前的需求，必须及早商议对策。

我委托担任专务董事并负责周转资金的妻子，尽快与有过交易往来的信用金库交涉，看能否融资到建设新据点所必要的土地费与建设费。妻子用我绝对模仿不出来的强硬口吻对因融资数额巨大而迟疑不决的负责人说："如果不给我们这样正在发展中的企业贷款，必然会是你们的损失哟！"接着又换了一副笑脸，终于说服了对方。

后来我问岐阜信用金库的理事长："为何像我们这样没有资产的公司总是能从贵司融资到款项？"对方的回答让我毕生难忘："因为你们是拼了命也一定要达成目标的经营者！从我自1974 年（昭和四十九年）在支店干融资工作以来，就决定打开金库，将钱款支援给你们这样的人。"

我一会儿这样、一会儿那样提出新点子的时候，妻子总是会凭借她天生的外交手段筹措到资金。自创业以来，我们夫妻俩一直理想地分担各自的职责，以"1+1>2"的经营优势合作，至今也是如此。

"和增加店铺数量相比，更重视已有店铺的品质"

自开业起历经 5 年，"咖喱店 CoCo 壱番屋"作为以名古屋等日本爱知县北部城市为主拥有 24 个店铺的 FC，在当地的知名度逐渐渗透，名气越来越大。时值家庭餐厅、快餐店等食品服务行业在全日本加速发展 FC 联盟的阶段，FC 主宰者们成了日本商务急速成长的主角，被媒体大肆宣传，带着耀眼的光芒备受万众瞩目。

如果是一般的经营者，大概会树立远大的目标"在全国确立 100 家乃至 200 家店铺的体制"……我也动过在日本爱知、岐阜等东海地区扩张店铺的念头，但比起增加门店的数量，我还是更重视不能再出现失败的店铺。本着一个店一个店踏踏实实开好的方针，自那时起我给自己定的座右铭是"不设大的目标，只设立一年内能玩儿命做到的目标，并反复践行"。

我们有这个自信。从身为外行开始经营咖啡店一直到现在，即使几乎所有店铺刚起步时销售额都很低，但在我们坚持不懈的努力中销售额渐渐得以上升。总之，只要一直努力贯彻执行"客户第一"的理念，我就有克服一切艰难险阻的信心。

在建的壹番屋集团新据点必须具备将来扩张的潜力，不用说选址非常重要，规模也要比现有的高出一个层次。

1983 年（昭和五十八年）7 月，地处日本名神高速公路出入口附近的新总部竣工，共两层楼，占地面积达到 200 坪（约661 平方米）。一楼配备中央厨房，咖喱日产量 7 万份，可供应100 家店铺的需求。二楼入驻"CoCo 壹番屋"FC 总部及集团各分公司办事处。

尽管新办公楼的周围仍然都是田地，但当时能买下这块地已是万幸了。这块土地的魅力就在于可以根据扩张需求继续买或继续借，需要的时候只要从入口进入高速公路，即能迅速将食材送往日本关东以及关西地区。我一看到这块地，就敏锐地察觉到有助于将来拓展事业。

稳定根基后的下一步就是扩张。第二年 3 月，为了获取更多对开店有利的优质租赁店铺的信息，让新店开张的工作进展更顺利，成立了第三个分公司"壹番屋店铺开发有限责任公司"。我请从前在房屋中介公司工作时的同事近藤光明氏加入了我们公司，由他负责主持宅地建筑物的交易工作。

虽说地段不是很好，但单位面积的地价便宜。在 FC 老板、

1983 年（昭和五十八年）建设于日本名神高速公路一宫出入口附近的新办公楼（一楼用作中央厨房以及配送中心，二楼作为事务所），现在这里被改为仓库使用。之后又在附近建成新的总部办公楼，周边因为配有新配送中心和实习中心等设施，这一带发展成了"CoCo 第一村"的规模。

店长、员工们的努力下，具有极大的成为旺铺的潜力。"咖喱店cocu喜番屋"在选址上也付出了最大的努力。

我一直确信的一点就是以5年、10年甚至更长久的中长期发展眼光来看，并不主张一开始就选黄金地段，再迅速开张，几乎不费什么功儿就步入正轨这样顺风顺水的经营方式。个人觉得也许反而是从第一年起就辛辛苦苦拼命工作3年，凭借自己的努力提高销售额，这样更易取得成功。短时期内就打算撤店另当别论，但若打算长期经营，凭借自己的努力让店铺兴盛起来才是更重要的，经营就是个从坚持到繁荣的过程。

曾经出现过一次因效益不好被迫闭店的经历，虽然是唯一的一次，但其中的苦涩一言难尽，再也不想尝试第二次。从这次的失败里我意识到需要拥有一支属于自己的用于搜寻理想开店地段的专业队伍，于是成立了一家不动产开发专业集团，此举的效果显著，第二年新店开张的数量就增加了两位数，以后不仅是寻找优质店铺，就连营业所以及中央厨房用地都因此得到了保证。

"全国各地新店开张的进度加快，
公司股票公开发行"

1985 年（昭和六十年）1 月，"咖喱店 CoCo 壱番屋"在日本全国开展得如火如荼的扩张行动终于在京都告一段落。仅日本爱知、岐阜、三重这 3 个地方开的店铺就已经在当地达到了饱和状态，壱番屋第一个营业所就坐落于日本京都市名神高速京都南出入口附近，光这一年在市内就开了 6 家店铺。

此时我自己还无法预见到会向全国拓展业务，只将未来开新店的版图限定在东海地域，提出向京都拓展的目标也是为了让地方级别的 FC 能从日本东海区域的桎梏中挣脱出来。至于西到大阪，东到静冈、神奈川、东京所在的整个东海道城市圈还完全不在议程内。

可当我确认在京都的业务拓展十分顺畅后，很快就着手向东京进军的工作。1986 年（昭和六十一年）10 月，我在日本东京杉并区荻窪站附近，又开了一家营业所兼直营店，并以此为契机，开始真正在首都圈拓展业务。

自那时起一直到现在，店铺经营网点的覆盖面积越来越大，十分顺利，现就店铺网点和公司发展轨迹简要说明一下。

在日本的大阪和福冈等地，终于在 1988 年（昭和六十三年）12 月实现了开到 100 家店铺的目标，此时距开始创业时起已过了 11 年左右。并且，日本正值泡沫崩溃的经济衰退中，壹番屋还是按照每个月平均开 5 家店铺的规划，加快开新店的速度。到了 1994 年（平成六年）5 月，在日本全国 47 个都道府县，壹番屋达成了开 300 家店铺的目标。

1991 年（平成三年）总公司迁到现在的五层办公楼里，并在 1993 年（平成五年）建设了地处总部周边的第三号中央厨房，且在所有店铺引进了 POS 系统……对巩固支撑开展多店化的体制不敢有丝毫懈怠。

到创业 20 周年的 1998 年（平成十年）1 月，壹番屋扩张到 500 家店铺，该时期前后共计投了 80 亿日元建设的佐贺（基山町）与栃木（矢板市）的中央厨房开始投入运营或者即将投入运营，由常年的合作伙伴好侍食品有限责任公司给我们提供技术指导，整备出万无一失的生产系统，并整顿了西日本、东日本，乃至北起北海道、南到九州的全日本店铺的供给体制。

该年正巧迎来我 50 岁生日，自改行至餐饮业算起已过去 25 年，又适逢壹番屋创业 20 周年，加之实现了 500 家店铺的目标，

1997 年（平成九年）投入使用的佐贺工厂
（上）和 1999 年（平成十一年）投入使用的
栃木工厂，制造供应日本国内所有店铺的食
材。佐贺与栃木两家工厂拥有合力可供应约
2000 家店铺的制造能力。从原材料进货，到
制造、出库都建立了一套严格的管理体系，
并于 2006 年（平成十八年）取得了
"ISO9001"标准化认证。

106

连这些数字都是齐齐整整，简直是上天注定一样。之前很多证券公司都热心地向我推荐公开发行股票，我却一点儿没有考虑过，但在这一年的某个早上，我和谁都没有商量就突然决定了公开发行股票。

同时我将董事长一职转交给一直陪伴支持我，并作为经营者能力被所有人认可的我的妻子直美。今后我将以名誉董事长的身份支持公司的运营。我用几分钟就做出了这个决定。

在直美董事长的领导下，2000 年（平成十二年）2 月，公司完成了股票公开，并于 2002 年（平成十四年）5 月，达成了开 800 家店铺的目标，因为这些突出业绩，已经崭露头角的副董事长滨岛俊哉君被指定为新的公司经营掌舵人。

1998 年（平成十年）1 月，在总部一楼的入口处门店网点展示板前，为纪念达成了 500 家店铺的目标，我和当时任职副董事长的妻子直美的合影。

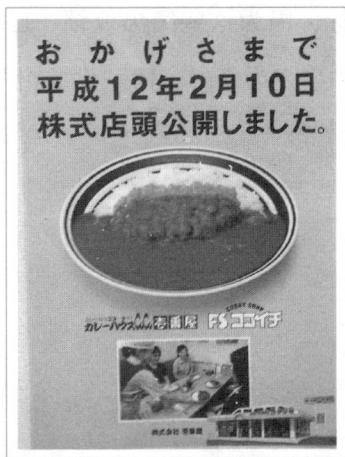

自 1974 年（昭和四十九年）10 月创建咖啡店以来，一直在认准的一条道上打拼经营，终于迎来了公开发行股票的成果。成为新一代 CoCo 壱番屋实至名归的起点，完成了从"我的公司"到"我们的公司"的演变。

"托可信赖的堪称日本第一的继承人的福，终于可以在53岁退休啦！"

前面介绍过滨岛副董事长 19 岁时就来店里打小时工，后来受我委托经营一家新店，却因为经济效益不好被迫撤店。经过此次挫折，一年后，滨岛重新振作起来主持岐阜市桥新店，该店的成功成为本公司迅猛发展的契机。一直以来滨岛伴随在我们夫妻左右，为扩张店铺、指导 FC 加盟等事呕心沥血。

我认为继承人非滨岛副董事长莫属。2001 年（平成十三年）5 月，我对滨岛副董事长提到："什么时候有自信能当个好董事长，就什么时候直接对我说！"5 个多月后（比我想象的时间还要早），滨岛鼓起勇气对我说："下一届［2002 年（平成十四年）6 月 1 日］希望能让我来当董事长⋯⋯"

突然听到的时候，我瞬间有点蒙，之后心里马上涌起一股无以言表的喜悦之情。滨岛副董事长是个诚实又光明磊落的热血汉子，作为董事长的能力也是毋庸置疑。滨岛能下这个决定，我非常高兴。

我任职期间经常去很多演讲会，至今也是如此。总会有这样的问题出现："创业那么艰难，好不容易一手创办的公司为什么要交给没有血缘关系的人？而且当时您还那么年轻，才53岁，真的就愿意交给别人吗？"对众人来说，就这样轻易让出位子是件不可思议的事情。

我们夫妻俩在开4号店的时候生了一个儿子弘章。但我们俩从没想过要让儿子继承公司，事实上，他有他自己选择走的道路。我在演讲会的当场就下定决心，发自内心做了一个断言："这是一个堪称日本第一的事业继承的成功案例！"回顾我长年坚持的董事长的工作，回味着能挺起胸膛自豪说出来的幸福，"最大的喜悦就是优秀的继承人赋予我的"。

在跟身为董事长的妻子商量后，于下一届6月份的换届期，重新对人事做出了调整。考虑能让新职员充分发挥能力的最佳体制就是由滨岛副董事长继任第三代法人代表总董事长，妻子改任没有代表权的名誉董事长。我则辞去一切职务，对公司不再持半分影响力，只挂了个"创业者特别顾问"的空衔，从此安心将公司的未来全权委托给滨岛董事长。

5月31日傍晚，我向聚集到总部一楼的员工们致退职演说词，在员工们的送别下，开车离开了为之奋斗近25年的苦乐参半的公司。

当车驶出停车场，一过了转弯处员工们看不见的地方，我和同乘的妻子一起高喊："万岁!" 回顾几十年做生意的人生，心潮澎湃，感谢上天给我们各种各样的遇见，我们通过了那么多考验，不管曾经经历过的是悲伤还是喜悦，现在的我们满怀的只是满满的感恩。

那天我们还带回家当天收到的 1000 枚顾客寄来的明信片式调查卡，一直到半夜 11：30 才全部看完。看完后我们又高呼三遍"万岁"，倒在了床上。

刚开始做生意的时候连做梦都没想到过有一天会开到 1000 家店铺，2004 年（平成十六年）12 月，该目标达成；2005 年（平成十七年）5 月，公司股票在日本东京证券交易所一部上市。1000 家店铺也好，在日本东证一部上市也好，到现在我都自认为是奇迹中的奇迹。

从最早身为一个大外行，又是在日本爱知县郊外的田野中开了一家门面仅 5 米多宽、占地面积也就大概 40 平方米、勉强容下 20 个客座的"咖喱店 CoCo 壱番屋"开始，历经 27 载。如果从更早的我们夫妻俩开始开咖啡店"巴克斯"算起，正好过去了 30 年的岁月。

歩いてきた道
そしてこれからもっと²ココイチへ

バッカス・浮野亭
（喫茶店）
1977年

1973年
KFC
100店舗突破

1977年
吉野家
100店舗突破

1号店
オープン
1978年1月

1978年
マクドナルド
100店舗突破

1981年
マクドナルド
300店舗突破

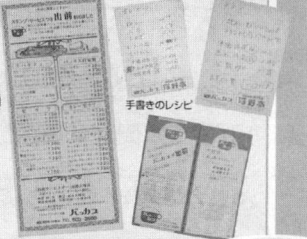

サーロインステーキカレー
超大盛企画はすでに
この1号店で行われ
TV取材を受ける

手書きのレシピ

バッカスのコーヒーチケットとメニュー

94年8月 ハワイ1号店
海外初出店オープン

全国展開達成
300店舗
達成
1994年5月

79年11月 一宮市にチェーン本部と
CKを建設

初のセントラルキッチン（CK）

バナナカレー

82年に（株）壱番屋を設立し、83年に100店舗体制に向けて
一宮市にチェーン本部を移転し、89年に増床しました。

91年に現本社屋が完成し、
旧社屋のセントラルキッチンを拡充

93年10月
POSシステム全店稼動

1993年
マクドナルド
1,000店舗突破

1985年
KFC
500店舗突破

1985年
マクドナルド
500店舗突破

100店舗
達成
1988年12月

1992年
KFC
1,000店舗突破

200号店
1992年10月

87年6月 アンケートハガキ導入

07 CoCoICHI TIME

壱番屋实现1000家店铺的纪念号。

112

2005年（平成十七年）2月发行，摘自公司内部新闻。

2005 年（平成十七年）5 月 2 日，壹番屋有限责任公司在日本东京证券交易所市场第一部 · 名古屋证券交易所市场第一部上市（股票代码为 7630）。日本东证的上市发布会及记者招待会结束后，手捧着纪念证书，从左起依次为我、滨岛俊哉董事长、宗次直美名誉董事长。简直是"CoCo 壹番屋"的奇迹。

第 3 章

成功的三大秘诀——早起、做大扫除、真诚待客

"夫妻绝妙搭档，
携手闯过创业期"

之前主要介绍了壹番屋的创业期，一直在我身边、陪我走过同一历程的是妻子直美。从开咖啡店到我从壹番屋退休那段时间，我们夫妻俩共享公司的一切，哪怕对细枝末节的信息也是如此，表达方法各有不同，但心意是相通的，常常以同样的心情齐心协力面对一道道考验。我做成的事情可以说也是妻子做成的，我们两个但凡少一个都不可能取得现在的成就。

老实说，妻子各方面的能力都让我叹服，特别在鼓舞员工干劲儿方面，全仰仗妻子，我只有在旁边看着的份儿。壹番屋之所以能有今天的成就，我认为妻子有七八分的功劳。

主意我出，执行则交由妻子。为了将我的策划落到实处，妻子须从各金融机关筹措到必要的资金。对于既无资产也无经验，甚至可以说连能力都不具备的年轻夫妻，能融资到顺利开张所需的资金，妻子的能力之强不言而喻。任何事情都是由我们两人共同筹划，互补有无，直至达成目标。

开咖啡店很适合妻子活泼开朗、擅长交际的性格，不管是烹饪、招呼顾客，还是收银，妻子都比我学得快，每天的工作很辛苦，我又总是笨手笨脚，夫妻关系其实不像别人想象的那样总是很好，吵架也是常有的事儿。

即使这样，我们俩的矛盾也不会拖很久。通常翌日清早就冰释前嫌，又开开心心一起笑迎顾客。无论发生什么事，都不能影响到对顾客感恩的心情，服务上更不能受到丝毫影响，这是我俩一致达成的共识。因为这种共识，我们店的氛围才能一直保持轻松愉快，进而生意红火。

又因为妻子做的家常味儿咖喱味道极好，我才开始动脑筋以此为基础开一家"咖喱店 CoCo 壹番屋"，并于 1980 年（昭和五十五年）定下了 Franchise Chain（特许加盟连锁店，简称 FC）的目标，同年，妻子还给我生了孩子。以后就是妻子边带孩子边到店里一个人干几个人的活儿，工作量比以前还大，员工培训以及筹集资金等事情全靠妻子来做。

妻子很擅长鼓舞员工士气，活跃店铺的气氛。她偶尔会严厉批评员工，之后总能让对方心服口服，很受众人尊重和爱戴。对年轻员工来说，她有时也顶替了母亲的角色。

企业要想发展必然要与金融机构打交道，最早都是妻子帮忙和金融机构交涉。按理说中小企业的资金操作应由身为董事长的我做，但妻子对外交涉的能力更胜我一筹，所以这些工作都委托妻子来做。股票公开发行前一年，公司一度的临时借款额甚至达到155亿日元，全靠妻子用诚意打动了对方，给公司贷到款项。迄今为止，银行方面还从未拒绝过我们融资的请求。

在从家业发展到企业的过程中，从早到晚我都投身到工作中，将全副身心奉献给了公司。

要想把店开好并稳定下来，我们夫妻俩必须联手。灯火通明的房间里，内向又不善言辞的我和活泼开朗的我的领导——妻子形成了鲜明对比，没有比我俩更绝妙的组合了。无论艰难还是困苦，为了壹番屋，为了顾客，我们俩互相勉励，互相扶持，一步一步朝前走。

只要获知有哪个FC加盟店的服务达不到一定水准，我们俩就马上赶过去。当面义正词严地要求店主遵守合约条款的与其说是我，不如说是妻子。

扩张店铺的诸项事宜也总由我们俩商量后决定，我们都更注重短期目标。每次先定下一个日销售额达到多少以上、步入正轨后再开下一家店的短期目标，为实现这个目标互相勉励，在一次次实现新目标的过程中走到了今天，发展到了当前门店的数量。

妻子接替我继任董事长后成功实现股票公开发行，现已辞去董事长一职改任名誉董事长，从后方支援现任的滨岛董事长。

直美还积极去现场工作，她的了不起之处就在于到店铺不是简单视察工作，而是穿上和员工们相同的制服，从烹饪到洗碗，再到招呼顾客乃至洒扫卫生等都亲力亲为。在和员工一起工作的过程中提出各种建议及注意事项，并虚心听取员工们的意见，将好的提议反映到经营策略上。

自创业以来我们俩就一致认为身处最高领导阶层，如果不勘察现场就无法摸清公司的运营状况，基于这种想法，我们俩都身体力行。

"创业经营者要发挥将现场视为第一位的先锋表率作用"

近年来随着信息化的发展，在各地都拥有店铺或者营业所的企业一般都以电脑上报告的数据为依据进行审核。查看经营动向，发掘经营项目，壹番屋也有很多监管人员都是一整天坐在电脑前看数据。

这或许是时代的大势所趋，从世俗的观点来看，我的思考方法就显得颇为奇怪，甚至让人感到有点儿不可思议。

我当董事长时，和时下的趋势正相反，是个彻底贯彻"现场至上"的现场主义者。"壹番屋说白了就是一个个食堂，所以掌控现场才是最重要的！"这是我的口头禅，我认为与其有坐在计算机前看数据的时间，还不如直接到店里去。

当然也需要仔细查看店铺当天提交的报告以及销售数据，但只看数字是无法了解实际情况的，好消息可以看出来，负面信息却半点也看不出来，如果不去现场勘察是无法理解为何数据里出现负值的。

我总是尽量腾出时间，不仅到当地的东海地区，连日本全国各地的店铺都要直接去巡视一番，恐怕没有像我这样成天去现场转的经营者吧？

直接去店里就可以看到职员以及服务生们工作时的状态，并能查看供应给顾客的商品品质，再看看停车场的清扫状况，了解一下采取了怎样的吸引附近居民的策略。还可从顾客的表情以及反馈中，突然获得改善该店的灵感。

巡店要点：先从外部开始查看。

"停车场有没有扔掉的烟头啊？""进门处长没长杂草？"有时我会从汽车后备厢里拿出自备的扫帚和簸箕麻利地打扫店外的卫生，通常在这个时候，店长就会慌慌张张从店里跑出来。

接着再进到店里逐项开展细节调查。

"工作人员是否对顾客笑面相迎，能否又快又准确地帮顾客订菜？"

"店内卫生怎样？角落也扫干净了吗？"

以顾客的眼光审视完店里的环境后，我一定再坐到顾客席上吃一顿饭，考察"上菜快不快？""咖喱的温度是否恰到好处""米饭和盖浇汁装盘后是否漂亮"。

平均算下来，我每天都会吃三四顿自己公司的咖喱饭以确定味道。

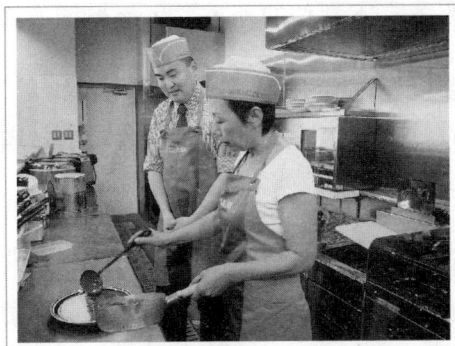

妻子直美（现名誉董事长）总是起到" 现场
主义 "的榜样作用。视察店铺时，直美亲自
做如何做咖喱摆盘等指导。该照片拍摄于
2005 年（平成十七年）。妻子早就不必做这样
的工作了，但她还是时刻准备这样做。

再说个题外话，"CoCo 壹番屋"的咖喱，我差不多每天都吃上几顿，这个习惯已不知保持多少年了，却完全没有一点儿吃腻的感觉。别说是吃腻，还总是边吃边不由自主地感叹："果然还是这个最好吃呀！"

一旦发现服务有不到位的地方，我都当场详细向店长指出来，再把监管店铺的总监叫到当场，由他自己直接确认。这种现场指导我已做过无数次，之所以这样做完全是因为我觉得要对得起顾客。

有时我深夜会把总监叫到家里加以训斥，不如此我觉得无法真正实现为顾客着想的承诺。实际上一点点细微的差别就会让有的店铺强，有的店铺弱。

例如，在"CoCo 壹番屋"，顾客点菜时服务生要大声复唱订单，主要目的是防止订错，声音应足够大，让离得远一点儿的厨师也能听到顾客订购的内容，尽快准备食材，哪怕早准备一点儿，也会缩短顾客等待的时间。正是靠这样点点滴滴细微的努力，顾客于无形中感觉到了"好像和别的店不太一样"！店和店之间的差别就此拉大。

我的车上堆放了几十本录像带，录制的内容全是营业所会议记录以及各店举行的早操仪式，在四处巡视店铺的路上，我会播放这些录像带听，一旦从中发现问题，我就直接做出指示，或者作为议题在下一次会议中探讨。

只看计算机里的数据就能指挥的经营者大多无论是从实力还是社交手腕上都比我强，他们仅看书面文件或电脑屏幕就能掌握经营状况，不必去现场检查，通常都是将工作交由部下去做。

但如果不去现场，就感觉不到现场微妙的变化，更别说如果不再把心思放在生意上，而是放在和经营没有直接关系的事情上浪费宝贵的时间和精力，这些事情很多都是为了满足个人的私欲。不管怎样，如果只站在一边看，就有可能注意不到事态在一点点变严重，甚至陷入不可挽回的境地，结果演变为一败涂地。

更为常见的就是创业时不管是睡觉还是醒着，心心念念惦记的都是工作和公司的发展前景，带着明确目标、全身心投入到现场工作中的经营者，在坚持了五年、十年后发生转变。生意上多少一稳定下来，就会以"工作不是人生的全部!"为借口转而退入后方。

当然人和人不同，考虑方法也不同，不能断言这样的想法就不好，但也不能因为生意见好就有所懈怠。本来打着的现场第一主义旗号逐渐褪色，最终被个人第一主义替代。

"店里的事情都交给店长和员工们打理就可以了，我不在也没关系"，抱着这种心态自行享乐，不再去现场。这样纵容自己的人自然无法严格要求他人，甚至连小时工都会受到不良的影响，不肯再卖力工作，竞争力下降是不言而喻的。

我把生意做红火的秘诀就是作为最高领导者"身先士卒"，亲自到现场服务。为了回应顾客的需求，经营者必须严格约束员工，而做到这点的前提就是一直保持对自己比对任何人都更为严格的要求，特别对于从零开始的创业人员来说，这一点更是必需的要求。

1982 年（昭和五十七年）定下的经营理念标语。实际上，我一直在以实际行动贯彻该经营理念。

"鼓励和批评都是经营上宝贵的财产"

1987 年（昭和六十二年）6 月，门店的数量达到了 80 家左右，已步入正轨。此时我提案在全店铺设置调查明信片制度，用以听取顾客对店里的意见。

店内的餐桌和餐台上都准备了印有总公司地址的专用明信片式调查卡，顾客不必将写好的明信片交到店里，可以直接投函到邮箱。为此由公司承担每张大概 70 日元的邮费。高峰的时候，一个月可收到顾客寄来的 3 万份明信片，仅这一项支出就高达每个月 210 万日元。虽然成本很高，但从顾客处收来的都是满满的感谢之声，千金难换。

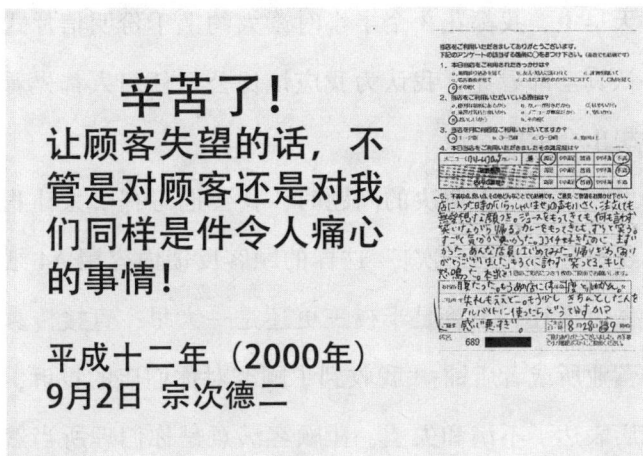

右边是顾客寄来的投诉明信片。每当这个时候我都亲自做出批示，不论早晚，即使是深夜，坐立不安的我，都忍不住把这个马上传真到该营业所或店铺。

这种调查明信片制度到现在还在用，从实行该制度开始一直到我从名誉董事长一职退休的 2002 年（平成十四年）5 月底，整整 15 年间，我一直倾听顾客寄来的心声。我看过的明信片的数量大概也是日本第一吧？

每天早上，我都花 3 个半小时读大约上千份明信片式调查卡，并认真全部看完，我认为我应该比公司任何人都先看到这些，且想出合适的对策。

一发现需要马上解决的问题时，我会把写有"太让我失望了!""我不会再来第二次!"这样的顾客反馈内容用 A4 纸拷贝下来，做出批注，不管是半夜三更还是一大早，直接传真到被投诉的营业所或者店铺："我收到了顾客对你们店的投诉，顾客对你们店表达了不满和失望，让顾客满意是你们理所当然的责任，请妥善加以处理!""营业时，顾客是店里的主角！请你们时刻记住这一点，您作为监管人，希望能主动对员工加以巡回指导。"

如果投诉的内容让我无法忍受，我就不管当时是白天还是黑夜，只要该店是位于名古屋周边的 24 小时店，我就直接动身开车去那儿。

这时我进店时会努力遮掩自己，不希望让别人认出我，但店员仍会马上认出来，飞快地从休息室跑出来。有时我问他们："是怎么认出我的?""半夜三更或大清早儿一个人进来，直接就坐到吧台前的座位上，除了董事长还会有谁?"

当然这些来信中有感谢信，还有对我们工作表示支持的，这样一考虑，尽管这些投函是用来投诉的，但也相当于给了我们一个改正我们经营上不足的机会，对我而言，投诉信不失为对我们的一种支持。

本来设置明信片式调查卡的初衷是能够倾听顾客的投诉与建议，但不管是批评也好，表扬也好，都是顾客送给我们经营上的重要财产，给我们带来灵感，是我们最好的老师。

"工作狂董事长是日本工作时间最长的劳动者"

　　我每天早上4：10起床，4：55就赶到公司，这样就可以看顾客寄来的明信片式调查卡了。不论严寒还是酷暑，下雨还是下雪，我都会风雨无阻地坚持这种工作模式不变。

　　公司早上9点开门，像我这样每天提前4个多小时去上班不是一件容易的事情，在全日本的董事长中，我应该是每天最早去上班的吧！

　　1996年（平成八年）元旦，我定下年度目标，因为是闰年，所定的目标之一是："今年有366天，我一天都不休息，至少工作5500小时。"并决定每天打卡作为记录。

　　结果该年我真的做到一天都没休息，一共工作了5637小时，完成了目标，因为是闰年，用总工作时间除以366天，也就是平均每天15个半小时都在穿着制服工作，顺便提一句，日本劳动者一年的平均实际劳动时间是 1800 小时，我几乎做了三倍的工作量，想来我能算得上该年度日本工作时间最长的董事长吧？

我就是这样一个在别人眼里笨笨地去挑战自己的人，连记录都做得一丝不苟。有时需要去参加别人的婚礼或葬礼，所花费的时间我都会想方设法从工作时间里省出来。偶尔有人邀请我去打高尔夫，我都是一早先到公司，看完顾客反馈的投函，做出批示后，再动身去高尔夫球场，下午打完高尔夫就返回公司工作。

当然，一天只有 24 小时，除去睡觉、洗澡、吃饭这些必不可少的时间，还要加上上下班通勤的时间。说我把做这些事以外的全部时间都投入到工作中也不为过。20 世纪 60 年代，正值日本经济高速发展期，出现了象征那个时代的一个词语"社畜"，但如果看见了我这么疯狂热衷于工作的"社畜董事长"，那些自认为是社畜、总是叫苦不迭的员工们也会甘拜下风吧？

历年过年时我都是自除夕起就待在办公室，听着跨年的钟声迎接新年，并在这个时候，对一些重要的事情做出决断，这个习惯已经保持了数年之久。如此随着新的一年开始，我会把年度目标写在一张大纸上，写完就去"CoCo 壹番屋"24 小时营业的一宫店享受一份美味的咖喱。

实现目标的翌年元旦的清晨6点，我到由公司举办的"早起会"把周边卫生都打扫干净，在10点左右回家的路上，松了一口气，却突然因为感冒倒了下来，两天没迈出家门一步。

该挑战就是我作为公司的最高领导人起到的榜样作用，先制定一个很难的目标，再以身作则地给身边及手下的员工做出示范，一定要达成该目标。但我之所以这样做，归根究底还是因为我骨子里贯彻现场主义方针的信念，并决意献身公司事业的顽强精神。

身为经营者，很多人认为只要在工作内容或者内涵上就可以决定胜负，不一定非要长时间工作。但我工作的时候总会涌现出各种灵感，我绝对相信长时间工作的重要性。如果经营者不努力工作，就不一定会获取成功，而且根据劳动法，经营者的工作时间不受限制，也可以说长时间工作是经营者的一项特权，如果不努力工作岂不浪费了这样的机会？

正如前面提到过的巡视店铺受时间和体力的限制，其实更准确地说，在某种意义上，突破了时间和体力的限制，以视察更多的店铺。

例如，我去东京出差的时候，一大清早就和给店铺做指导的员工一起到东京、神奈川、千叶所在的一都二县的各店铺巡视，一直转到晚上9点左右。此时，最多的时候差不多一天要

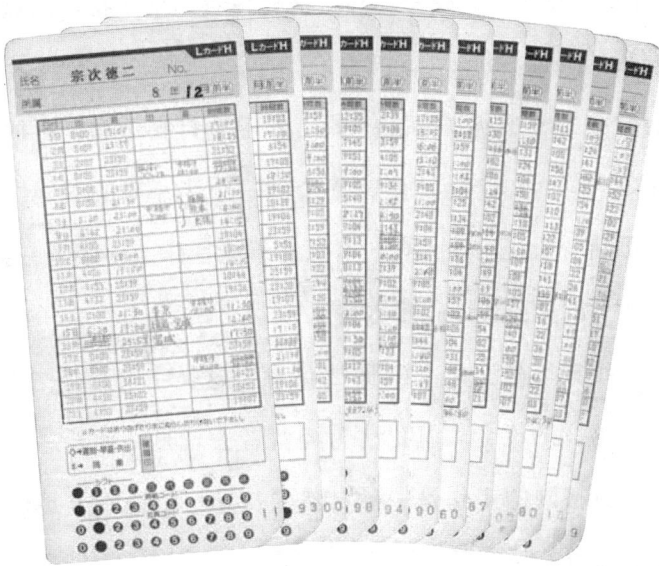

出勤表上下班记录为 0：00 时，都表明我在公司通宵上班。1996 年（平成八年）是我工作时间最长的一年，该年我一天都没有休息。

吃上 10 盘咖喱，走的时候和员工们互道："您辛苦了！"再去酒店开房，接下来我的行动就和平常人有点儿不同了。

我先到酒店的房间，迅速冲一个澡，再穿上壹番屋的制服，走到深夜的大街上，目标当然是去地处日本东京都内的 7 家左右的 24 小时咖喱店，我特别喜欢这种拎着当地土特产的点心去店里巡视的感觉。

有时我为了把所视察店铺的店外卫生打扫干净，再加上路上所用的时间，每个店铺要花一个到一个半小时的时间，巡视完回到酒店，天光已经大亮，本想终于能往床上一躺睡一会儿，但经常因为时间到了不得不退房。

我的字典里是没有"舒服""休息"这类字眼儿的，其实也不是没有这样的机会，但我认为经营者去玩是一种罪恶，对我而言，达到极限的工作是一种自然的行动，也说不上是什么原因，我就很开心地把事情做成了。

我很愿意去这些自家经营的店铺，想看到我所负责的店铺的样子，看到员工和服务员们开心迎候我的样子。又因为经营者有不受劳动管理局限制劳动时间的自由，我忍不住去不停地工作。

到目前为止，我遇见过很多经营者，也和他们说过话，却没有一个像我这样让别人无法理解的热衷于工作、能把自己的事情放在一边、将全部身心都投入到生意中的人。在我任职期间，如果当时的我自诩为"日本第一的工作狂董事长"，请大家不要见笑！

"经营者最好不擅长社交"

我说过我的性格不善于社交，但我也认为作为一个经营者不善于社交挺好，擅长社交的经营者朋友多、会玩、人缘好，又因为在时间和钱财支配上有一定的自由，所以生意上但凡有起色，一定会开始变为甩手掌柜，乐得图个清闲，把生意交给别人打理。

这样的经营者一般会说："只有工作的人生不是完整的人生。""如果在有生之年光是拼命工作，那活着还有什么意思？"由于抱着此种想法，他们会把精力放在打高尔夫球、唱卡拉OK、开宴会等交际上，如此能让业绩提升固然好，但结果更多是老板和员工们离心离德，于经营上越来越不利，最终闹到鸡飞蛋打、陷众人于不幸的地步。

还有的人会沉迷于游走在各种据称可以拓展人脉的跨行业聚会上，听信在那里结交的人吹嘘的生财之道，或者被别人说动，将事业扩展到非本行的行业上，结果导致不断的失败，这样的案例不仅是经济泡沫期的产物，在任何时代都举不胜举。

我在任期间没有结交一个朋友，偶尔会和熟人吃顿饭，但当人家再请我去第二次、第三次的时候，我都没再参加。周围的人也因此一定会把我看成怪人吧！老实说，我也实在享受不了那种场合。

话虽如此，我更关心我周围的大量的群体，如在店里看到的顾客、店员以及他们的家庭，再加上生意上交易往来的合作伙伴。对我而言，回应他们的期待才是最重要的，至于是否去高级俱乐部玩儿，能否将高尔夫打好，这些我都不放在心上，我最看重的是如何让公司的业绩上扬。

如果有和没啥关系的人一起吃喝的时间，我觉得还不如买些便当、汉堡包去和努力工作到很晚的员工们一起吃，听听他们聊天儿来得更有意义得多。

像那些不去自家店铺，却打着"考察行情，学习当前的时尚和潮流"的旗号只去别人开的店的经营者，在我看来也有一定的问题，如果有那个空儿还不如去自己公司的现场看看是否还有什么问题存在，把发现的问题一个个解决掉，如此想不把店做大做强都是不可能的。

我对其他同行要干什么、怎么干毫不关心，对网红店更是毫无兴趣。至于其他店铺怎样降价促销，推出了什么新的人气商品，再或者采取了怎样的手段让商品大卖，我都毫不在意，只是一如往常地将全副心思都放在顾客身上，为其提供优质服务。

关于兴趣也可以按照同样的方法考虑。

常在经营者集会上听到"经营者总是被要求做出最精准的判断，为调节一下紧张的心情，有个人兴趣爱好非常重要"等诸如此类的言论，但我对此不以为然，甚至抱着截然不同的想法。

"把兴趣爱好放下也许更好。"

我自年轻时候起就是个古典音乐迷，但在做生意时，因为将全部精力都投入到了工作中，平时根本想不起来关于古典音乐的话题。事实上，我在追求实现工作目标的过程中，就享受了这个过程本身。

因此，现在有的公司陷入了经营困境，如果经营者暂时把兴趣放下，以身作则将全部干劲儿都投入到工作中，相信必会以实际行动感染到员工，让公司内的氛围为之一新。"连董事长都这么努力了，我们也得努力工作！"在这里，最重要的是不管创业还是从上一代手中继承事业，现在开始努力就是重拾当年创业或接管时意气风发的精神面貌。

姑且不论这些，经营者的目标既然是让公司的收益增加，那么就应该将全副心思都放在提升公司的业绩上。如果销售额能较上一期增加、利润上涨，员工们的工资自然也会跟着水涨船高，还能多发许多奖金，这些都会成为发展公司的设备投资以及人才投资的原始资本。

再说一遍，经营者如果沉迷于喝酒、打高尔夫、开聚会等满足个人需求的活动，别说对公司的发展没有助益，甚至会阻碍公司的发展，任何事物都有正反两个方面，要把它们综合到一起来判断。

当然，这些活动同样不会取悦员工和他们的家庭，以及生意上的合作伙伴。在很多公司收益锐减，即使是赤字经营也不足为奇的大环境下，董事长若还有心情在公司里吹嘘"昨天我打高尔夫球赛赢了！……"想来员工们的恭贺之词也不是发自内心的吧？如此看来经营者若不爱社交也不错，打高尔夫球、唱卡拉 OK 不拿手也没关系。

只是该想法仅针对我这种自认为三流的经营者适用，若是一流经营者，在得到了自身和他人认可的情况下，再多交些各行各业的朋友，毫无疑问是极其有意义的。即便如此，我还是坚信：创业者不以舍身奉献公司的觉悟去努力做的话，很难获得成功。

"想赢得人生并在生意上取得成功，就从早起做起"

经营者必须常常关注的其实是顾客，这一点我已经反复强调过了。因此，经营者有必要做好榜样，坚持将工作做好，经营者要做的是如何让顾客、员工，以及他们的家人这些对经营者寄予厚望的人们感到安心、可信赖。另一件我认为不能让步的重要事情就是养成早起的习惯。

可能有人会嗤之以鼻："别骗小孩子了!"但早起真的没有任何副作用，有的全是好处。20多年来，我一直都坚持早起，现在也是早上5点前就起床，然后马上进入一天的状态，大概算得上日本起得第一早的董事长吧?

"早上一小时，胜过晚上三小时!"这种说法早就有，而且真的有效。这段完全属于自己的时间，不会被任何人所打扰，既没有电话打入，也没有来访者，会议、工作汇报一概没有，并且成本为零。虽然谁都知道早起很好，但难做到的也是早起。

对有目标、希望做好生意的人更是如此，做不到真是很可惜。

在这个时间段工作会很顺利，而且容易冒出各种想法。早上2小时的优势不能简单地按照年间换算得出的730小时来看，应该按照一天工作12小时，这样算就多出了大约60天，而我每天提前4小时就去上班，即使自认为算个第三流的经营者，也是能将工作做好的。

当然，因为是经营者，根本做不到早睡早起，而是"晚睡早起"。即使因为公司会议或者地方巡视等半夜才到家，或者筋疲力竭的时候，有时即使有点儿发烧，也仍然按照雷打不动的规律，坚持早上提前4小时去上班。

周围的人总会说："您每天能起那么早真好！"但其实在任期间要想坚持每天早起是件很痛苦的事情。一躺进被窝儿里，就会想"今天歇歇吧！……"早上4点钟闹钟一响，就又想都不想地马上爬了起来。

即使站起来脑袋也是迷迷糊糊，不知道离床最远的闹铃究竟在哪儿响，晃晃荡荡想找到它并关掉，总是东一头西一头撞到墙壁上。在不停碰壁或找到冰箱里的冰镇咖啡喝上几口时，才慢慢睁开眼睛，大约10分钟后穿好制服，驱车开往公司。

工作到累得快站不住的程度——这是我自身在开咖啡店和"CoCo壱番屋"创业阶段有过几次的经验，但早上一来临，马上又想着"今天也继续加油！"很开心地去上班。

一方面，我作为董事长说到做到一直坚持早起；另一方面，公司里的部分干部和员工也日渐发生了转变。根据19世纪意大利经济学者帕累托提出的"二六二法则"：组织内部结构由两成优秀、六成普通、两成默默无闻的人组成。

　　"两成优秀的人指能够积极主动地将想法付诸行动，并显示出变化。六成人只能在言语指导下被动行事，不会发出转变，余下的两成则往往采取了置之不理的态度。"

　　该规则也同样适用于区分人才：A级人才占20%，当之无愧可被称为真正宝贵的财产。B层次的人占60%，这类人给多少钱干多少活儿，倒也无可厚非。问题在于C级别的人占20%。怎么说呢？无论在哪个店铺或者公司，这类人都是存在的。

　　即便如此，我认为真正肯干的人能占到两成挺好，因为他们具备了经营者或者领导应有的自觉性，可以一天不落地坚持早起。不被任何人强迫，即使以前也曾质疑过对经营是否有必要，却仍然坚持做到每天早起，起到很好的榜样作用，不失为一种"既然我是经营上的顶层领导，决定了就要去做"的气概。

"先设个小点儿的目标
绝对是有利的"

前面说过我在任期间，每年都会在总公司五楼狭小的董事长办公室中等待除夕夜的钟声敲起，而几乎又在钟声结束的同时，决定出新的一年公司的三个目标以及三个个人目标。1996年（平成八年）的元旦我做出了"全年一天不休，工作 5500 小时以上"的决定。

我给自己定了这样一个看似鲁莽的目标，并给公司制定了要求一年左右完成、丝毫不简单、只有拼命干才能实现的目标额。

1978 年（昭和五十三年）"CoCo 壹番屋" 1 号店开张时的目标为"一天的销售额为 6 万日元"。我跟妻子也说过如果这个目标达成，就开第二家店，结果真的实现了该目标。

之后店铺的数量发展到 100、300、500 家……每次我们都提出一个某种程度可能实现的门店数量作为下一年度的目标，可看见的更高阶梯式目标激励着大家每天努力工作。

我常去书店，书架上总摆放着大量以"抱着远大的梦想""愿望一定会实现"等内容为主旨的书籍，但很多都不切实际，不过是一厢情愿的愿望或幻想，真迷信这些纸面上的东西，反而会以梦想终是梦想的结局惨淡收场。我也不是否定怀有远大的理想，但所定目标的大小必须以能够实现该梦想或目标的相应努力为前提，如果做不到，即使再远大的梦想也毫无意义。

我主张先定个能凭借真正的努力一年可实现的小目标，不必流于世俗观念。一年实现一个切实可靠的目标，每年都能做到的话，就会显现叠加效果，我正是这样做的，不知不觉间奇迹就可能突然降临。

比如，若是在饭店上班，就可以争取比其他人先到店里，哪怕是扫扫店铺周边也好，还可将盘盏刷得比任何人都快且干净……我在不动产公司上班时就是第一个出勤。

先试着从不太大的目标做起，争取成为所在店铺或者任职公司内某一部门的第一名或者独一无二者，继而成为整个公司的第一名。像我这样单纯一直凭借不懈的努力，一定会成为日本第一，我的公司和我都会成为日本的独一无二。

特别要趁年轻的时候，每天全力以赴，努力去闯荡、去打拼。先不必考虑做成多大的事业，只要坚持不懈做好每天的工作，先做到让身边的人都很放心不是件很好的事情吗？

我原本从没想到过要让世间所有人都来吃"CoCo 壹番屋"的咖喱，只想着认可我们家咖喱的顾客人数如果能占到一定的比例，就已经很感激了。

没有持远大理想或目标的经营者在旁人看来或许缺少点儿魅力，又因为行动鲁莽也让人觉得不靠谱，但很多经营者虽然目标很大，却容易沉醉于自己的豪言壮语中无法自拔，最终以失败告终。

壹番屋的口号是"微笑、机敏、朝气"，把顾客的利益放在第一位，我们将此口号定为方针。

"通过大扫除振兴效益不好的店铺"

因为引进的顾客反馈用明信片式调查卡制度起到了效果，我们又开展了另一项可让员工们参加的扫除志愿者活动。我将该活动命名为"做无聊事儿的集会"，通称为早起会。在该活动中，每天早六点，由20~30人自愿集合在一起，在以总公司周边为主的范围内，展开开张前三十多分钟的清扫活动。

该活动的正式名称为"将大众认为的既笨又无聊的事情认真坚持到底的集会"。早起全凭自愿，一般谁都不愿意干，更愿意选择睡懒觉。而早起会的员工们不但赞同该活动，甚至自愿进行打扫，我对此从内心深处感到前所未有的喜悦与满足。

拿着扫帚和簸箕不仅将总公司周边的道路清扫干净，还会将上班路上看到的高速公路下的垃圾拾起来，或在凛冽的寒冬里黑漆漆的早上，利用汽车前灯的照明拔除荒草，在仍未解冻的初春，下到自来水渠中，挖出渠中淤积的污泥……每次做这些事时，我总是身先士卒，认真做好每一件事。

自来水沟位于公司附近，宽度为四米左右，我总是和年轻的男女员工们一起浑身溅满泥水，忘我地将渠内累积的垃圾和淤泥清除，这时候我会感动到流泪——"此时此刻的我们难道不是达到了前所未有的人生的最高境界吗？"虽然我们在做和公司的发展与利益毫无关系的事，但正在努力作业的年轻员工们的身影显得格外美丽。

早起会的入会条件是每月至少参加二十次活动，但对没有被强制性要求的志愿者们来说，一大早就起床出来也不是件简单的事情。其中可能会有人抱着趁机接近我这个董事长的目的而来，但因为我对工作的态度比对工作能力更重视，若有员工借此机会展示干劲儿，我觉得也是不错的。

实际上包括我本人在内，也不能说是以百分之百纯粹的心情来自愿做清扫工作的。之所以这么说，是因为我们的咖喱制造工厂以及商品配送中心位于总公司周围，总有卡车出入，而公司所有员工又都是开车来上班，从一开始就收到来自周边居民对噪声和汽车尾气的投诉也不奇怪。但自从开展了这项清扫活动以后，又举办了些亲民运动或者种植花草运动，就再没有收到过当地居民的投诉。

并且，每当清扫活动结束后，去公司的食堂吃个早饭、读读新闻、洗洗车，再安排一下当天的工作，气定神闲地等着上班的员工，和到了上班点儿才慌慌张张跑进来的员工的感觉天差地别。对进公司早的年轻员工以及连拖把都没拿过的男员工来说，似乎也起到了很大的刺激作用。

员工们因此培养了早起的习惯，并形成了健全的企业风气，对此我很高兴。只是从谁都不想干的早起及打扫这一点来说，我不会给参加早起会的员工加薪，也不支付补贴。

作为对会员给予我内心的满足的回礼，我会每年自掏腰包招待早起会成员两三次到海外旅行或日本国内旅行，这已经形成了惯例。为了不和日本劳动基本法等法律相冲突，没有在整个总公司实施这样的制度，只是干部以及一部分职员一直定期自愿进行清扫活动。

另一方面，CoCo壹番屋店铺强化对近邻的清扫举措。店内卫生自不用说，每次上下班时店员们都会将周边打扫干净，这已经成了基本的工作内容。干净整洁的环境让人愉悦，也是对顾客持有的感谢之情的具体体现。

如果是郊区的店铺，店员会将店铺周围二百米左右的范围打扫干净，如果是市区内店铺，一般也会将对面大概三家建筑物二十米到三十米范围内的垃圾捡干净，并将杂草拔除，不管是直营店还是FC店，都是以这个壹番屋的要求为基准，却也不是所有店铺都能够做到。我巡视店铺的时候，会在车里备上扫帚和簸箕，一觉得对方打扫的方式不顺眼，就自己去干。事实

"做无聊事儿的集会"的正式名称为"尽管绝大多数的人认为所做的事情又笨又无聊，我们却认真坚持去做的集会"。关键词是"无聊"和"坚持"。

证明店长或老板能否亲自做榜样，效果天差地别。

最难的就是能否一直坚持将附近打扫干净，"如果不是三百六十五天每天都坚持打扫，那么就会坚持不住，而如果没有坚持住，就失去了清扫的意义"，能否坚持住打扫本来就是在与自己战斗，而不是让别人看不看见的问题，是作为经营者的态度问题。常常听到一大堆推托的理由，做得到与做不到、干与不干其实都是人自身的内心问题。

料想不到的是我们穿着制服不分早晚进行打扫工作，反而加深了附近居民对店铺的信赖度："连卫生都这样努力去搞，这样的店铺让人放心，要去就去这样的店!"每次遇见时也总是互换感激之情。随着时间的推移，时常从近邻那里收到打扫工具等礼物，又或者是一箱果汁，从自治体受到的表彰也不计其数。每当这时，总有行人或顾客目睹这一幕，也常收到顾客的反馈投函，对我们的清扫行动加以赞许并表示感动。

自此以后，如果店铺的销售额降低 2%~3%，我不会采取促销手段，而是组织店员进行彻底的清扫活动，我相信这样半年后店铺的营业额就会恢复正常。

日本的泡沫经济破灭后，经济一直处在停滞状态不再上涨，经营者们谈论更多的是有何秘诀促进经济效益的增长。当然马上见效的特效药是不存在的，如果想靠过分的结构重组或者以过劳牺牲为代价立见成效，效果应该也是不能持续长久的吧?

每天早晨打扫时收集空罐，并将它们搭成塔形（上）。我们将该活动称为"还原行动"，内容包括将道路上的空罐清理干净，回收并加以循环利用，再将用回收空罐换取的钱捐给福利部门。"罐塔"搭成后，刻上了我曾说过的"人生要想成功，就从早起开始"。

如前所述，自创业之初我就抵制为了和其他店竞争做打折或者赠送礼品等附加服务的做法，我也反复强调过我所采取的仍然是真心的服务以及认真清扫的办法，在我心目中，这些比采取任何手段都重要。

我们先专注于做好大扫除工作，并通过日复一日的坚持，以突破销售上萧条的境况。仅凭做到这一点，我敢断言能将收益恢复到正常。自认为是日本第一的扫除家，我既然敢这样说就肯定没错了。

"店铺的经济效益可以靠扫除复苏。"

我自行推出的这个标语，就是为了鼓励店主们不仅要将店内打扫干净，还要时常对附近的区域都进行清扫，这样做一定会提高销售额。

我相信无论时代怎样变化，餐饮业都不能只是一味地重视所提供的食物的味道，还要提供一种无形的文化内涵，吸引顾客来店里消费，这才是餐饮业应有的姿态。大清扫活动就是能够映射出提供这种店铺文化的人的一面镜子。

公司印制的宣传手册。内容收录了客户寄来的心声，包括对"CoCo 壱番屋"开展的近邻清扫活动的感激之声，时常被用于企业教育培训等。

"用心待客没有固定的标准"

作为壹番屋最高领导人，我常面临的最大课题就是真心待客以及如何将招呼顾客的技术提高，与商品这种有形的物质相比，我更注重内心的培养。即使到现在，我这种想法也基本没有改变。

在忙于扩张店铺、实现连锁的最关键时刻，店长或老板意识上可能会疏忽招呼顾客。要想不降低现场服务质量，就一定要贯彻我们店真诚待客的主旨。可待客服务质量的好坏无法衡量，对顾客最大能抱有什么程度的感激？又如何表达？做到怎样的程度才算 OK？因为无法制定统一的标准，对于我们是一项极难的课题。

其实不仅是餐饮业，所有商业形态都需要在商品、价格以及服务上一决雌雄，包括将周边清扫干净的活动在内的无可比拟的服务质量是任何地方都无法模仿的。

你有没有过这样的感觉，即使在同一家连锁店，采用相同的烹饪方式，理论上味道也应该相同才是，可事实往往并非如此，是不是常觉得某家店更好吃或者不如别家店好吃呢？我认为产生这种差异的原因大多是各个店服务质量的不同。

只是嘴上说"欢迎光临""谢谢"，无论谁都能做到，但店家若能传达出真心感谢或款待的心情，就会和其他店多少产生些差别，随着时间的推移，这些细微的差异会转变为更大的差异。

要点就在于员工的表情或者行动方式吧。即使有点儿笨手笨脚，但若能一直微笑着随时清楚、敏捷地回应顾客的要求，所有人都努力为顾客提供服务，顾客们都会感到很满意，对顾客各种体贴入微的关怀能给顾客留下很深的印象。如果没有抱着对顾客的感激之心，只是一味大声吆喝着招揽顾客，会被人一眼看穿是虚张声势而已。

我的妻子直美，也就是现任名誉董事长制定了壹番屋待人接客方面的标准。

直美自我们创业时候起，就跟我说要开这样一家店，即让顾客在踏进店内的一瞬间就感觉到"来这家店真是不错"，而当顾客要出门时，又会让顾客想着"以后还会来，而且下次一定要带着朋友或家人一起来"……妻子费尽心思想如何打造出一家让顾客感到"放心舒适"的店铺，她从来都是面带笑容，在端出咖啡的时候，边把放着砂糖的糖罐儿打开，边说上一句"让您久等了"，并时刻关注顾客面前的水杯是否需要添水。

妻子那时总是把"如果真要等到顾客叫时才想起添水，那是我的失败"这句话挂在嘴边。即使背对着顾客时，她也仿佛后脑勺上长了眼睛一般关注着店内所有顾客的动静，心心念念永远将顾客的需求放在第一位。

我们夫妻俩以我们独有的方式接待顾客，从不加入到促销行列中，不会像别家一样为了跟对手竞争，采取打折积分、优惠券等活动。廉价促销只会加剧和竞争对手之间毫无利润的竞争，靠物质刺激消费是无法持续长久的，还会让员工们背上过度劳动的负担。

如果采用物质刺激或打折等方法，即便让顾客感到开心，觉得这家店很便宜，对经营者来说其实也不是什么值得高兴的事情。收取合理的费用，用心为顾客提供可口的饭菜以及称心的服务，让顾客觉得物有所值才是正确的价值取向，我们既是这样做的，又相信这才是壹番屋的商业本质。

只是对我而言，我从不认为"CoCo壹番屋"必须招收多么专业的员工。只要以店长和负责人为首的职员们尽心尽力按照壹番屋的社训"微笑、机敏、朝气"做好就足够了，招聘时也根本没有对他们提出过必须具有餐饮业的经验以及熟练的待客技巧等要求。

第 **4** 章

以光明正大的经营姿态，
打造健全强大的企业

"人才是跟着经营者边学边干出来的"

2001 年（平成十三年）秋，当时 53 岁的我宣布从名誉董事长一职上退休。大概这个决定下得太突然了吧，公司内外到处都是一片"为什么？"的质疑声。那么年轻就退隐，而且别说是作为公司的法人代表了，就是以后连公司的员工都算不上，引退之后完全变成了和公司毫无瓜葛的人士。之前好像从没有过这样的先例，应当属于业内罕见的情况吧？

引退这件事儿除了和妻子外，我与其他任何人事先都没有商量过，就自行决定了。该决定让员工、加盟商、交易方以及证券公司等相关者都大为惊异，大概也有人做出各种各样的揣测："是不是出了什么事儿啊？"

其实理由只有一个，就是我们培养出了优秀的继承人——滨岛董事长，一个能够让我们夫妻将壹番屋的全面业务都放心交托的人。

我开创了壹番屋这样一个前无古人、后无来者的全新业态的公司，并将其发展成为可被称作业内七大不可思议奇迹之一的企业。如果说取得了和其同等的让我为之自豪的另一项功绩，那就是培养出了滨岛俊哉这样优秀的继承人，我自以为这样说也不为过。

　　如果别人问我：“你是怎样做到的，培养出了这样的人才？”我只能回答说是因为我每天作为经营者带头儿拼命地干，而他只是追随着我也跟着拼命干，不知不觉间追上并超越了我而已。其实我自己连一次都没考虑过培养继承人的问题，滨岛董事长只是无意中凭借自身的努力具备了成为董事长的资质。

　　为了不再对公司的运营持丝毫影响力，我卸任了董事长及顾问等一切职务，妻子也交出代表权，退出一线，这样就可让新任董事长在整顿公司体制上得心应手。这种将公司全权交托给别人的行为在我看来是理所当然的事情，但在世人眼中却往往无法理解，总有人对我是否真心实意交出公司反复质疑。

　　正如我前面提到过的，离任前一年的 5 月份，我们夫妻俩就对副董事长滨岛君传递出“如果有当董事长的自信就告诉我，我随时准备好将这个位置让给你”这样的意思。

　　其实我当时也没有别的想法，只是觉得如果能达成开到一千家壹番屋店铺的目标，我大概也到 55 岁的年龄了，如果能借着这个契机功成身退也不失为人生一大快事。只不过令我没想到的是滨岛副董事长能在该年的 11 月份就这么快提出来"6 月份开始，下一届董事长之职请让我来担任"，我震惊之余，随之产生了一种莫大的安心感。

这个时间比我预想的要早两年左右，而且也没有比他更适合的接班人了。好事宜早不宜迟，若有人能早接班也挺不错。

我们夫妻俩虽然有一个儿子，但他已经走上了他想走的人生之路，我们自从生了儿子以后一次都没考虑过以后要由儿子继承事业。最早我们就希望选拔有能人士来继承公司，从未有过将公司经营成家族企业的打算。

滨岛董事长不到二十岁时就跟我们一起工作，在同甘共苦、共同努力下，加深了相互之间的理解。他的人品正直、优秀，做事情光明正大、表里如一，不仅是员工，就连加盟商和做交易的合作伙伴们也对他很敬服。

当然，滨岛董事长不仅声望高，经营上积极向上，有着极强的进取心，且具有天生的悟性，他的做法和我完全不同。

例如，自创业起 20 年间，我形成了一个根深蒂固的观念，"撤店是无法被容许的耻辱"。而因为经济效益不好不得不闭店的也只有过一家店铺，就是以前由滨岛董事长担任店长的尾西起店。我的观点一直是即使店铺出现了赤字，只要挥洒汗水拼命干，再加上动脑筋，哪怕是稍稍有所改善的倾向，就要坚持下去，过一段时间总会有起色的。

而滨岛董事长的观点与我不同，他对这个店的前景并不看好，果断采取了闭店的措施，并转向积极开展扩张门店数量的进程。随着店铺扩张的加快，我越来越认可滨岛董事长所做的决定。

和创业者不一样，经营者更需要具备权衡利弊、做出合理有效判断的综合能力，而不是"一根筋"跑到底，做不必要的坚持，这点滨岛董事长绝对做得比我好。

退休后常常被人问及："您的经营生涯中，最让您高兴的事儿是什么？"每当此时我都会回答："每年很高兴看到结算时营业额在增加，如果说我这辈子做生意的生涯中最大的收获是什么，那就是有了非常优秀的继承人！"我没有做任何的夸张，并敢堂堂正正挺起胸脯说在我的事业继承方面堪称全日本第一的最成功案例。

如果说经营最大的目标是让公司持续发展并使之繁荣，那么我想经营者最应该完成的工作就是"培养出能让世世代代持续繁荣的继承人"吧？如果做到了才是最大的欣慰。

但我从不认为优秀的继承人是想培养就能培养出来的。实际上我们夫妻俩只是一直带头苦干，起到一个好的榜样的作用，忠实贯彻现场第一主义的方针，真诚努力地为顾客提供出满意的服务，我们所做的一直只是如此，并没有刻意做什么事情。

一直这样看着我们并跟着我们干的滨岛董事长一直以来都有什么样的感想呢？等大家都注意到这点的时候，滨岛董事长已在各方面都超越了我们夫妻。

"打造透明经营体制的
强大企业"

　　1984 年（昭和五十九年）10 月，位于日本一宫市名神高速一宫出入口附近的新公司竣工，刚开始一帆风顺地准备实现飞跃式发展，就迎来了来自当地一宫税务署的八位调查官员的特别调查。公司自不用说，连我的私人住宅都被进行了为期一周的彻查。

　　有人会认为正处于店铺扩张中的壹番屋集团如果被彻查，一定能被查出点儿什么。但事实是无论怎样反复彻查账簿等财务情况都未发现什么问题，因为无论是我还是担任经理的妻子都奉行光明正大的财务收支透明政策。

　　结果就是包括集团三个分公司在内都"找不到一日元的错误"，连调查官员都夸奖我们简直完美的经理事务。

　　"税务没问题，连一点儿最简单的失误都没有，能做到这样太罕见了!"

后来又接受了两次特别调查，结果都是同样的。2004 年（平成十六年）4 月出于某种原因又接受了来自国税局的调查。

照长年担任公司经理的妻子的话说，非常欢迎税务调查，既然已经完全按照国家政策支付税金，当然很愿意定期接受调查了。

调查结果虽然存在一点儿意见上的分歧，但仍无需要整改的要求。

从不偷税漏税的事实反映了公司每天的经营姿态，不管对于员工，还是对客户和银行而言都关系着强有力的信誉问题。这种让人无法指摘的信用是经营的源泉，而绝佳的信誉一定会引导公司成为发展态势好的公司。

该理念在壱番屋独家的连锁店体制上也被反映出来。加盟店不必向总部提交部分利润做提成，总部仅从供给食材上赚取适当的利润。

结果来自加盟店的老板们的信任度增加，从未出现过进货食材欺诈等纠纷。而且事业心旺盛的老板们渐渐增加了门店的数量，甚至有的老板开出了 20 多家店铺。

光明正大同样是经营者的生存之道。

我自经营咖啡店以来就像前面说过的没有结交过什么朋友，连一次电影院或者卡拉 OK 厅都没去过，也不出去喝酒，就是一心一意投入到工作中。这期间连我个人听古典音乐的爱好都暂且被放下了。

从壹番屋退休时我不再有工资，也没有顾问的费用，连着代表法人的地位和职务等公司的一切权限也全都舍弃了。从一开始我就从没打算拖泥带水，要退就彻底全身退出。

说起来有点遗憾，我在任董事长期间还是从交易伙伴等处接受了一些款待或者馈赠品，但数量也是有限的（当然我在接待工作中使用的同样是公司的经费）。在壹番屋，为了彻底全面贯彻交易公平诚信的政策，自董事长以下，即使是商务往来中馈赠物品这类行为也是被绝对禁止的。

有些虽然拒绝，但还是在逢年过节被送来的礼物，一律按照市价的一半折算后由员工们抽签买取，所获得的资金全部捐给福利设施等部门。该方式迄今仍被保留，成为全员参加的惯例活动。

我不知道我这种死脑筋的领导，员工们会怎样看？但此光明正大的透明作风由现任董事长继承，今后更是作为壹番屋的企业风范传承下去，我认为对餐饮业来说特别重要的就是树立一种健全诚实的企业风范。

"奉献社会、做慈善活动是
经营者的义务"

壹番屋自 2005 年（平成十七年）6 月起，就在企业内部规定了将全年获得的固定利润 1% 的金额捐赠给慈善事业。例如 2009 年 5 月份的营业额中，我们就抽出了近 3200 万日元来支援贫困的人们。

在最近的预算支出中，我们对育英会的慈善组织进行捐赠，还在由当地福利团体主办的活动和义卖市场上举办咖喱义卖活动，将义卖所得的钱款尽数捐赠出去。对福利团体及受灾地免费提供咖喱，并在直营店前设置育英会的募集箱，将呼吁顾客们捐赠的善款与公司的捐款分开捐赠。

顺便提一句，自 1989 年开始，仿效美国的先例，日本经团联（日本经济团体联合会，是与日本商工会议所、经济同友会并称的日本"经济三团体"之一）开始举办将企业固定利润的 1%（个人所得可自由分配额的 1%）捐献给社会的活动，并将其命名为"百分之一俱乐部"。虽然宗旨大致相同，但当我看到大企业各公司的活动内容时，仍对其是否将钱用到了真正需要的地方抱有质疑。而且当经济泡沫破裂、社会经济处于低迷状态时，尽管遗憾，但不可否认留下的只是虎头蛇尾的印象。

壹番屋以前就一直对福利设施进行捐赠，最早是在开业后第三年，1980 年（昭和五十五年）的年底，手头运营资金不足的情况下开始的。

因为要过年，手头儿还差了 70 万日元，妻子靠她卓越的交涉能力，从没有交易过的金融机构借出 100 万日元。其中的 70 万日元作为流动资金，10 万日元捐助给了我家所在的社会福利中心，另外的 10 万日元捐赠给壹番屋 1 号店所处城镇的社会福利中心，剩下 10 万日元留作过年用度。

即使现在每到跨年时，也会想起那个时候的事情。尽管当年生意做得艰难，但世上存在大量比我们更艰难贫困的人。我们还能拼命干活儿已是很幸福，应该怀有感恩之心，即使是很少的钱，也希望能为福利事业做出自己的贡献。

正如第一章中提到过的，我自小是孤儿，自幼时起家里就极度贫困，过着现在的年轻人无法想象的辛酸生活，开始自己的事业以后也一直是在打拼中度过。这些经历固然磨练出我超乎常人的坚强意志，另一方面也让我体会到贫困且处于弱势的人住不起房屋、没有食物吃、生病请不起医生买不起药的困苦。

我个人也一直在力所能及的范围内坚持参加慈善活动。

最近受经济萧条形势的影响，无家可归的人数持续增加，每当在街上看到他们时，总是感到政治以及行政影响力的无奈。特别是在严寒中看到蹲在那里无法动弹的人，总不能弃之不顾，于是我去便利店买杯热茶和两个饭团，再与一千日元的纸币一起递给对方："大叔，请您吃这个吧！"这期间总有人一直低着头，到最后也没能看我一眼。

自从6年前开始，每当志愿团出发的时候，我们每月一次送给他们一箱森永牌奶糖。每年到了12月份，又会捐赠暖和的保暖内衣、袜子、手套、热宝，以及包括药品在内大约价值为150万日元的物品。

公司之所以为公司，其实是托当地和很多人的福才能开展的经济活动，如果没有扶助社会弱者的扶危救困之心是无法成为一个好公司的。若公司只关心自身利益，一味考虑如何获取更多利润，只会加剧激化竞争的矛盾。

退休后我到日本商工会（日本商工会议所的简称）及经营者团体组织等各处演讲，都大声呼吁"生意人必须一年参加至少一次慈善或捐赠活动"。

常常会有人说"经济上宽裕了，我就去捐赠"，其实说这样话的人，即使有钱了，也会以各种各样的理由加以推脱，将捐赠时间往后拖延，最终什么都没做。重要的其实不在于有没有钱，而是是否真心想帮助他人。

当然对社会做贡献不只是捐钱，肯花时间、挥洒汗水去帮助贫困的人也非常重要。总有人一边说着"现在太忙了！以后等有时间的时候……"一边敬而远之。

一边说着有余力的时候就会去做，一边一辈子什么都没做的人也是有的。

"希望能帮助怀有梦想
和目标的人们"

从壹番屋退休以后，我开始第二种人生目标的探索。从前我并不擅长对事情做慎重的思考，基本上都是直接摸索，哪怕碰到头破血流也要去干。我的作风从最开始就是先定好目标，之后心无旁骛地去实现它，这也是我成功的秘诀。

可无论怎么看，好像我都不太适合"优哉游哉地过完余生"。以妻子为主的身边人都担心一直将全部身心都投入到工作中的我突然在 2002 年（平成十四年）5 月 31 日做了个 180 度大转变，从工作岗位上完全退了下来，会不会因为不适应而生病啊？

然而答案既简单又出乎人们意料。

所幸手边还有因为股票公开发行而获取的资金，能有这笔钱多少有我个人努力的因素在内，但也不排除运气好的因素，毫无疑问这都是托顾客们以及员工们的福，我赚到了这笔钱，所以不只是为了我自己，我还应该用这笔钱回馈社会。

退休第二年，2003 年（平成十五年）1 月 17 日的壹番屋创业纪念日，我成立了"NPO 法人 Yellow Angel"机构（NPO 为日本特定非营利组织），由我任理事长，妻子直美担任理事。以在艺术、体育领域追求梦想的年轻人和将来想成为生意人并为之努力的人为对象，为他们提供各种支援。我将该组织命名为Yellow Angel（黄色天使），以下对该组织的活动内容加以介绍：

· 体育振兴与支援

· 文化、艺术振兴与支援

· 福利支援活动

· 创业家支援活动

· 留学支援活动

· 早起支援实践活动

· 对面三家店铺范围的清扫运动

· 1%宽裕资金的慈善运动

· 向青少年捐赠乐器的运动

· 清除街面上的杂草等运动

支援的内容还包括支撑壹番屋发展的早起清扫活动以及慈善运动等项目。正如所起的 Angel（天使）名字一样，收到了来自希望被赞助音乐会、帮助无家可归者的支援团体的各种各样的委托。

有一次读地方新闻时，我注意到了当时关于社会组织二部足球协会的一则当地 FC 岐阜新闻。

"日本 FC 岐阜选手禁止染发、留长发、文身、戴耳环等行为，虽然有点儿像对高中生的要求，但希望能对青少年起到好的影响！"

我对该制度双手赞成，衷心希望他们能在近期内实现加入 J 联赛（日本职业足球联赛）的目标，并希望自己能为 FC 岐阜出一份力。之后在同 FC 岐阜所属事务局磋商后，我们同意向该队提供可用于长途远征等用途的汽车，并约定该队升级到 J 联盟之后，我们捐赠"更大型的豪华客车"。

大约两年后，FC 岐阜真的晋级到了 J2 联赛（日本职业足球乙级联赛），我们按照约定给选手们捐赠了一辆虽是二手，但比原来的要大上一圈儿的大型客车。队员们都好高兴啊！说："这下再到日本的关东以及四国等地远征，路上就不会太累了！"

衷心希望 FC 岐阜联合来自日本全国各地抱有同样目标和梦想的球队，凭借岐阜队员们的努力拼搏，实现更大的成就。并由衷希望当地的青少年们以队员们努力拼搏的身影为榜样，了解到有目标的人生会是多么精彩的人生，并在不同的领域凭借坚持不懈的努力实现各自辉煌的人生。

向日本 FC 岐阜选手捐赠了大客车。我在看到
报纸上鼓舞青少年树立梦想和目标的文章后，
提出援助的申请。

"古典音乐会起到舒缓人心、
让人平心静气的作用"

前面提过我从 15 岁时就爱好古典音乐。高中时代，我购买了二手电视机与录音机，之后彻底被古典音乐俘虏了。从我开始录制由 "N 交响乐团" 演奏的德国门德尔松作曲的小提琴协奏曲，记忆中因为我反复听这支曲子，磁带播放磨损得太厉害都快断了。

然而自打 25 岁我开始经营咖啡店，就将全部身心投入到工作中，无缘再听曾长时间陪伴我的古典音乐，直到退休以后，我才购买 CD 打算再好好享受一下有音乐的生活，却无意中借此开启了在日本岐阜家中开家庭私人音乐会的生涯。

1990 年（平成二年）我在日本岐阜建造了私宅。在和妻子商量后，决定将客厅设计成 60 张榻榻米（约 97.2 平方米）大小的面积。前面提到过，我们从不在餐饮店等场所招待朋友，却常在自家款待因为工作关系特别亲近的员工和他们的家人，以及加盟店主等人，并召开宴会加以慰问。

我退休的第二年在家里招待某位钢琴家的父亲时，当对方看到我们宽敞的客厅，非常兴奋地劝我们："这么大的空间都可以召开音乐会了，一定要开音乐会呀！"这就成为继 NPO 法人 Yellow Angel 事业后，又开展弘扬古典音乐运动的导火线。结果大约 3 年的时间里，在我们家开了 25 次室内音乐会。

在此期间，我们请到了很多一流的演奏家进行了多场演出，而听众的人数每次至少也有 50 人，多的时候甚至会有 120 多位顾客来听音乐会。

此时的我也比以前更被古典音乐俘虏了。年轻时候听很多名曲时感受到的"爱上音乐是没有理由的"的感觉全面复苏。

为了能够更加近距离地接触到"让人备感亲切并能丰富人生"的古典音乐，我渐渐开始考虑能否以 Yellow Angel 的名义为音乐做点什么。

这时我遇到了世界级小提琴演奏家五嶋龙先生。2004 年（平成十六年）2 月，我们夫妻一起在东京三得利音乐厅听了一场由当时 15 岁的龙先生演奏的乐曲，一周后仍感觉余音绕梁，这时我们接到了来自妻子的朋友今井千惠董事长的电话。一问才知住在纽约的小提琴演奏家五嶋龙正在寻找乐器的拥有者，听到这话的瞬间，我觉得命运之神主宰我说出了"既然如此，一定让我们成为这把小提琴的拥有者"。

在日本岐阜的家中举办的古典家庭音乐会，
我希望通过办音乐会让更多的人爱上音乐。
当时请到了小提琴家叶加濑太郎先生出席，
并由柏木广树先生演奏大提琴。

当时龙先生非常渴望的由意大利提琴制作师安东尼奥·斯特拉迪瓦里（Stradivari Antonio，1644—1737）制作的这把小提琴世界闻名，被制作于 18 世纪的意大利，斯特拉迪瓦里的弦乐器无论哪把都是名品，因价格高而闻名。

关于琴的价值我不太详细了解，但很容易想到制作于斯特拉迪瓦里（Stradivari）的黄金时期的这把 18 世纪初的乐器恐怕相当值钱吧！这把琴只能说这段时间暂时由我拥有，从价格上来看无论如何也不是能被借出去的乐器，但我真的太想让实际使用人——非常喜欢这把琴的五嶋龙先生用它了，只能苦笑着把琴借出去。在我们认识的该年年底，我将这把由斯特拉迪瓦里（Stradivari）1715 年制作的传说中的名琴 "Ex‑Pierre Rode（已故的罗德先生）" 借给了五嶋龙先生。

经妻子的朋友今井千惠董事长的介绍，我们将小提琴借给了年轻的天才小提琴家五嶋龙先生。本照片拍摄于 2005 年 12 月在日本帝国酒店举办的小提琴出借仪式和迷你音乐会上。

"希望会出现更多的
古典音乐迷"

　　借给五嶋龙先生乐器的事宜告一段落后，与 Yellow Angel 完全不同的新的议题被提上了日程。

　　从前妻子的愿望就是将来能住在繁华区，为了实现直美的愿望，大约一年前我拿到了日本名古屋市中区 75 坪（约 248 平方米）的土地，开始建造住宅。在不动产业友人的帮忙下，更出乎意料又买到了相邻没人居住的旧房子和出租店铺的土地，这样总共得到了 250 坪（约 826.4 平方米）的土地。

　　当初原打算在新居里留出约 30 张榻榻米（约 48.6 平方米）大小的空间，作为招待朋友以及开像在岐阜住宅那样的迷你音乐会的所在，现在计划出现了 180 度大转变："既然已有这么大的土地，就建一座专用的古典音乐厅吧！"要想经营一座音乐厅，并能确保收益是件非常困难的事情。别说从未有过全国连锁音乐厅，就连民间都没有人同时经营几个音乐厅，虽然明白

借给五嶋龙先生使用的 Stradivari
Rode 1715（斯特拉迪瓦里制作
的 Ex-Pierre Rode）。据说该琴
被制作于安东尼奥 · 斯特拉迪瓦
里黄金时期。

这一点，我还是认为该事业有回馈社会的一面。和大约 30 年前开咖喱专卖店时一样，尽管毫无头绪，但我想只要用心拼命去干，一定会做出什么成就的。

2005 年（平成十七年）4 月的开工仪式后，起用作曲家三枝成彰氏为总监，再由团纪彦氏负责建筑设计并担任监理，音响设计则聘请了唐泽诚氏，他们都是一流的专家。施工方则委托给具有实力的大成建筑公司。我作为建筑物的主人，在设计施工的过程中，与建筑设计师及施工公司三者间有过意见不同的时候，但最终达成了统一，拿出了让各方都很满意的最终方案。

由三枝先生强烈推荐的命名为"宗次厅"的室内音乐厅，天井高为 16 米，一楼设置 232 个座位，再加上二楼的 78 个座位，共计 310 个座位（包含 6 个轮椅席位）。全部座椅都靠近舞台，音响效果非同一般，即使将全部席位都称为特别座席也不为过，为数众多的演奏家对此都给予了高度好评，称赞其氛围简直像欧洲的教堂一样，且音响效果极佳。

开工式的两年后，即 2007 年（平成十九年）3 月 29 日，五嶋龙先生特意从纽约赶来，在剪彩仪式上举办了第一场音乐会。

从那天一早，我开心地哭了好几次。早上七点钟妻子打来电话"恭喜！这真是太好啦！"的时候、滨岛董事长递给我庆祝用的小提琴形胸针的时候、开幕前上台做演讲的时候、紧接着

在家中第一次举办的沙龙音乐会
上，有幸请到了作曲家三枝成章
先生出席，并就音乐的话题相谈
甚欢。之后更是请三枝先生担任
建设宗次音乐厅总监。

在顾客们面前忍不住和妻子拥抱的时候……

当天的事情全都深深地刻印在我的脑海里，真是令人感激的一天。当然，当龙先生拉起令我骄傲的斯特拉迪瓦里名琴震惊全座的时候就更不用说了。

这里再提一句，宗次音乐厅的建设是由我和妻子两人自掏腰包，投资 28 亿日元建成的。以前我们俩曾谈及过"经营公司赚到的钱，其实就是来自社会的'暂存'到我们这里的钱，我们应该将这笔钱以一种好的形态回馈给社会"。所以对这种使用方式我们从没有过任何犹豫，也不感到后悔。

只是受去年和今年经济萧条的影响，要想通过举办古典音乐会实现收支平衡是项极难的课题。

在一次面对多媒体的取材时，当我回答到"开古典音乐厅是一个很难赚钱的生意"时，马上又被反问："若将开文化艺术的音乐厅说成是一种可经营的生意，是不是很奇怪呀?"我答道："如果将其称为生意有点儿奇怪，但迄今为止从未有过的宗次音乐厅就要利用音乐触动心弦的、能够丰富人内心的魅力，从此开启一项前所未有的独有的全新生意。特别是古典音乐具备了一种让人和善、令街区和谐的特点，因此可以说是一项针对人心的生意。"这种说法似乎让对方很满意。

上面的照片为宗次音乐厅落成当天的剪彩仪式，左起为滨岛董事长、妻子直美、本人、新女士（钢琴家）、五嶋龙先生。滨岛董事长典礼前送给我小提琴胸针作为礼物，至今也是我的宝贝。下图为宗次音乐厅的内部照片。一楼二楼共 310 个席位，可近距离接近演奏家，倾听音乐会，天井高为16 米。

"站在顾客的角度打造全日本第一的音乐厅"

即使我经营音乐厅，也不拘泥于已有的业内常识，我给自己制定了一年开 400 场音乐会的经营目标，以我们最重视的"和善、亲切、为别人着想"的特点再成就一个"日本第一"。去年主办的音乐会数量及入门音乐会的数量已经成为日本第一，每场我们都是踏踏实实用心去策划经营，这种针对人心的生意定会成功。

即使在经营音乐厅时，我仍然以当初经营"巴克斯"的心情去做，"巴克斯"是我做生意的起点，从顾客那里我学到了感恩之心，对顾客笑脸相迎，发自内心深处地鼓掌以示感谢，并以同样的心情经营音乐厅。

首先，对顾客寄来的信函，我必定亲自回信给予答复。除了实在无法出席的情况，不管是主办还是包场演出的音乐会，我都必然在开场前 15 分钟站在入口处迎接顾客，直到演出开始。演出结束后会一边对顾客们说"谢谢"，一边送出顾客。

要想让这座建筑像所写的那样有意义，实现真正回馈社会的价值，从现在开始，就必须坚持不懈地学习和努力，我给宗次音乐厅提出的口号是"生活中的经典"。

重要的是即使一个人一个人增加，我也希望增加更多的古典音乐迷。音乐，特别是经典音乐，能够治愈人的心灵，起到舒缓心情、让人和善的作用。每增加一个爱好者，社会都会越来越趋向平稳。

日本随着现在少子化、高龄化的加剧，和我同龄的人都逐渐到了退休的年龄。以前没有任何兴趣爱好、一味投入到工作中的人，开始了各种新的生活。有的去学习做料理，有的在公园里拍摄花朵的照片，如果再试着听场古典音乐会，感觉会如何？

有时可以像我这样去听支拨动心弦的名曲，平日白天都举办多场入门级别的演奏音乐会，对古典音乐不太了解的人一定要去听听。

后 记

退休以后，当别人问及我在任期间有过的失败经历，或是觉得辛苦的事情，我总是半开玩笑地回答："40 多岁时打高尔夫真是失败呀！"除此以外，我不认为我经历过什么特别的失败或辛苦的事情，也没有遇到过所说的危机困境。

原本我作为一名经营者的人生，无论从人、物还是资金上来说，都是从经营资源为零的基础上起步的，又不具备成为一名经营者的优秀的资质，却最终打造了堪称日本第一的咖喱连锁店。我敢说我作为经营者的人生顺风顺水，可以说是最幸福的日本第一的经营者人生。

这次因为要对自创业期开始的体验进行总结，回顾了一下近 30 年的历程，却也没有想出什么特别大的事情，大概是每天都将全副身心投入到工作中、拼命经营的缘故。

跟长年了解我怎样做生意的身边的人一聊，人家马上就给我下了一个结论："宗次先生所认为的辛苦的基准和大众的基准不一样呀！"

也就是说我不觉得怎么辛苦的事，在大众眼里却是非常令人震惊的不同寻常，我在人家眼里是个超乎常人的严于克己主义者。大概我就是这样一个偶尔会让人很感兴趣，却也不会被模仿的一条道儿跑到黑的经营者吧？

不过这样一换位思考，确实我每天都在辛苦地劳作，也陷入过多次危机之中。主要就是销售额以及运转资金等资金上的问题，再就是对顾客的投诉做出反馈，以及处理和员工有关的问题，这样的时候数不胜数。

有时候我也怀疑自己经营的不是咖喱屋的连锁店，而是让人觉得非常辛苦的综合商社。

但因为我开的是自己喜欢的咖喱专卖店，又是按照自己的意愿贷款增加了门店的数量，所以辛苦一些也被认为是理所应当的事情，而且我所收获的意义与幸福感又何止数倍！

文中再三提及我从不听取他人意见，也不模仿他人的做法，常常我行我素。听说过我的人以及我周围的人一定认为我这个壹番屋的董事长是个"经营怪才"，实际上我曾多次被人批评做事鲁莽、明明前面没有路也非要去闯一闯。

没有固定观念，又不懂业内常识，对竞争对手毫不关心，只是一直坚持按照自己对顾客感恩的心情以及顾客第一的理念经营。再夸张一点儿说，"CoCo壹番屋"走的一直是在没有路的路上披荆斩棘开拓出来的新路线。

从极度艰辛的童年期再到拓展事业，我实现了一个又一个仿佛无法实现的奇迹。

现在的我功成身退，开始东奔西走于古典音乐的普及活动并进行为数众多的演讲活动，还一直坚持着20多年来持续不断、全年无休的早起清扫活动。现在，我每天的生活节奏和在任时不一样，却也格外特别。

我之所以会感受到可称为"日本第一"的幸福，当然是因为白天光顾的顾客们对壹番屋的喜爱，以及各位FC老板、员工和交易方给予的大力支持，特别是对自"CoCo壹番屋"创业起，一直对我们事业上所需的必要资金给予金融帮助的岐阜信用金库的各位，以及专门给"CoCo壹番屋"供应咖喱原材料并向咖喱生产工厂提供技术支持等援助的好侍食品有限公司的工作人员们，对供应我们众多食材、到现在为止都在给"CoCo壹番屋"各店配送商品的各位感激不尽！长久以来一直都承蒙大家关照了！

对我信赖的，并将全部生意委托的滨岛董事长，和我的最爱——同时也是最重要的合作伙伴妻子直美的感激之情无以言表！

谢谢大家！

以后也请大家多多关照！

日本第一怪才经营者万岁！

日本第一波澜万丈的人生万岁！

192

上图的照片拍摄于初次演出意大利作曲家威尔
第作曲的、我非常喜爱的歌剧"椿姬"(《茶花
女》)的威尼斯凤凰歌剧院内（2009 年 9 月 30
日）。下图为第一次到意大利旅行在一直憧憬
向往的米兰斯卡拉歌剧院欣赏歌剧时，我们夫
妻俩拍摄的旅游纪念照（2009 年 10 月 3 日）。

关于"服务的细节丛书"介绍：

东方出版社从 2012 年开始关注餐饮、零售、酒店业等服务行业的升级转型，为此从日本陆续引进了一套"服务的细节"丛书，是东方出版社"双百工程"出版战略之一，专门为中国服务业产业升级、转型提供思想武器。

所谓"双百工程"，是指东方出版社计划用 5 年时间，陆续从日本引进并出版在制造行业独领风骚、服务业有口皆碑的系列书籍各 100 种，以服务中国的经济转型升级。我们命名为"精益制造"和"服务的细节"两大系列。

我们的出版愿景："通过东方出版社'双百工程'的陆续出版，哪怕我们学到日本经验的一半，中国产业实力都会大大增强！"

到目前为止"服务的细节"系列已经出版 108 本，涵盖零售业、餐饮业、酒店业、医疗服务业、服装业等。

更多酒店业书籍请扫二维码

了解餐饮业书籍请扫二维码

了解零售业书籍请扫二维码

"服务的细节"系列

《卖得好的陈列》：日本"卖场设计第一人"永岛幸夫
定价：26.00元

《为何顾客会在店里生气》：家电卖场销售人员必读
定价：26.00元

《完全餐饮店》：一本旨在长期适用的餐饮店经营实务书
定价：32.00元

《完全商品陈列115例》：畅销的陈列就是将消费心理可视化
定价：30.00元

《让顾客爱上店铺1——东急手创馆》：零售业的非一般热销秘诀
定价：29.00元

《如何让顾客的不满产生利润》：重印25次之多的服务学经典著作
定价：29.00元

《新川服务圣经——餐饮店员工必学的52条待客之道》：日本"服务之神"新川义弘亲授服务论
定价：23.00元

《让顾客爱上店铺2——三宅一生》：日本最著名奢侈品品牌、时尚设计与商业活动完美平衡的典范
定价：28.00元

《摸过顾客的脚才能卖对鞋》：你所不知道的服务技巧，鞋子卖场销售的第一本书
定价：22.00 元

《繁荣店的问卷调查术》：成就服务业旺铺的问卷调查术
定价：26.00 元

《菜鸟餐饮店 30 天繁荣记》：帮助无数经营不善的店铺起死回生的日本餐饮第一顾问
定价：28.00 元

《最勾引顾客的招牌》：成功的招牌是最好的营销，好招牌分分钟替你召顾客！
定价：36.00 元

《会切西红柿，就能做餐饮》：没有比餐饮更好做的卖卖！ 饭店经营的"用户体验学"。
定价：28.00 元

《制造型零售业——7-ELEVEn 的服务升级》：看日本人如何将美国人经营破产的便利店打造为全球连锁便利店 NO.1！
定价：38.00 元

《店铺防盗》：7 大步骤消灭外盗，11 种方法杜绝内盗，最强大店铺防盗书！

定价：28.00 元

《中小企业自媒体集客术》：教你玩转拉动型销售的 7 大自媒体集客工具，让顾客主动找上门！

定价：36.00 元

《敢挑选顾客的店铺才能赚钱》：日本店铺招牌设计第一人亲授打造各行业旺铺的真实成功案例

定价：32.00 元

《餐饮店投诉应对术》：日本 23 家顶级餐饮集团投诉应对标准手册，迄今为止最全面最权威最专业的餐饮业投诉应对书。

定价：28.00 元

《大数据时代的社区小店》：大数据的小店实践先驱者、海尔电器的日本教练传授小店经营的数据之道

定价：28.00 元

《线下体验店》：日本 "体验式销售法"第一人教你如何赋予 O2O 最完美的着地！

定价：32.00 元

《医患纠纷解决术》：日本医疗服务第一指导书，医院管理层、医疗一线人员必读书！ 医护专业入职必备！
定价：38.00元

《迪士尼店长心法》：让迪士尼主题乐园里的餐饮店、零售店、酒店的服务成为公认第一的，不是硬件设施，而是店长的思维方式。
定价：28.00元

《女装经营圣经》：上市一周就登上日本亚马逊畅销榜的女装成功经营学，中文版本终于面世！
定价：36.00元

《医师接诊艺术》：2秒速读患者表情，快速建立新赖关系！ 日本国宝级医生日野原重明先生重磅推荐！
定价：36.00元

《超人气餐饮店促销大全》：图解型最完全实战型促销书，200个历经检验的餐饮店促销成功案例，全方位深挖能让顾客进店的每一个突破点！
定价：46.80元

《服务的初心》：服务的对象十人百样，服务的方式千变万化，唯有，初心不改！
定价：39.80元

《最强导购成交术》：解决导购员最头疼的55个问题，快速提升成交率！
定价：36.00元

《帝国酒店——恰到好处的服务》：日本第一国宾馆的5秒钟魅力神话，据说每一位客人都想再来一次！
定价：33.00元

《餐饮店长如何带队伍》：解决餐饮店长头疼的问题——员工力！ 让团队帮你去赚钱！
定价：36.00元

《漫画餐饮店经营》：老板、店长、厨师必须直面的25个营业额下降、顾客流失的场景
定价：36.00元

《店铺服务体验师报告》：揭发你习以为常的待客漏洞　深挖你见怪不怪的服务死角　50个客户极致体验法则
定价：38.00元

《餐饮店超低风险运营策略》：致餐饮业有志创业者＆计划扩大规模的经营者＆与低迷经营苦战的管理者的最强支援书
定价：42.00元

《零售现场力》：全世界销售额第一名的三越伊势丹董事长经营思想之集大成，不仅仅是零售业，对整个服务业来说，现场力都是第一要素。

定价：38.00 元

《别人家的店为什么卖得好》：畅销商品、人气旺铺的销售秘密到底在哪里？ 到底应该怎么学？ 人人都能玩得转的超简明 MBA

定价：38.00 元

《顶级销售员做单训练》：世界超级销售员亲述做单心得，亲手培养出数千名优秀销售员！ 日文原版自出版后每月加印 3 次，销售人员做单必备。

定价：38.00 元

《店长手绘 POP 引流术》：专治"顾客门前走，就是不进门"，让你顾客盈门、营业额不断上涨的 POP 引流术！

定价：39.80 元

《不懂大数据，怎么做餐饮？》：餐饮店倒闭的最大原因就是"讨厌数据的糊涂账"经营模式。

定价：38.00 元

《零售店长就该这么干》：电商时代的实体店长自我变革。

定价：38.00 元

《生鲜超市工作手册蔬果篇》：海量
图解日本生鲜超市先进管理技能
定价：38.00 元

《生鲜超市工作手册肉禽篇》：海量
图解日本生鲜超市先进管理技能
定价：38.00 元

《生鲜超市工作手册水产篇》：海量
图解日本生鲜超市先进管理技能
定价：38.00 元

《生鲜超市工作手册日配篇》：海量
图解日本生鲜超市先进管理技能
定价：38.00 元

《生鲜超市工作手册副食调料篇》：
海量图解日本生鲜超市先进管理技能
定价：48.00 元

《生鲜超市工作手册 POP 篇》：海量
图解日本生鲜超市先进管理技能
定价：38.00 元

《日本新干线 7 分钟清扫奇迹》：我们
的商品不是清扫，而是"旅途的回忆"
定价：39.80 元

《像顾客一样思考》：不懂你，又怎
样搞定你?
定价：38.00 元

《好服务是设计出来的》：设计，是对服务的思考
定价：38.00 元

《让头回客成为回头客》：回头客才是企业持续盈利的基石
定价：38.00 元

《餐饮连锁这样做》：日本餐饮连锁店经营指导第一人
定价：39.00 元

《养老院长的 12 堂管理辅导课》：90%的养老院长管理烦恼在这里都能找到答案
定价：39.80 元

《大数据时代的医疗革命》：不放过每一个数据，不轻视每一个偶然
定价：38.00 元

《如何战胜竞争店》：在众多同类型店铺中脱颖而出
定价：38.00 元

《这样打造一流卖场》：能让顾客快乐购物的才是一流卖场
定价：38.00 元

《店长促销烦恼急救箱》：经营者、店长、店员都必读的"经营学问书"
定价：38.00 元

《餐饮店爆品打造与集客法则》：迅速提高营业额的"五感菜品"与"集客步骤"
定价：58.00元

《赚钱美发店的经营学问》：一本书全方位掌握一流美发店经营知识
定价：52.00元

《新零售全渠道战略》：让顾客认识到"这家店真好，可以随时随地下单、取货"
定价：48.00元

《良医有道：成为好医生的100个指路牌》：做医生，走经由"救治和帮助别人而使自己圆满"的道路
定价：58.00元

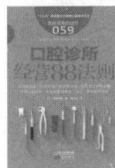

《口腔诊所经营88法则》：引领数百家口腔诊所走向成功的日本口腔经营之神的策略
定价：45.00元

《来自2万名店长的餐饮投诉应对术》：如何搞定世界上最挑剔的顾客
定价：48.00元

《超市经营数据分析、管理指南》：来自日本的超市精细化管理实操读本
定价：60.00元

《超市管理者现场工作指南》：来自日本的超市精细化管理实操读本
定价：60.00元

《超市投诉现场应对指南》： 来自日本的超市精细化管理实操读本
定价： 60.00 元

《超市现场陈列与展示指南》
定价： 60.00 元

《向日本超市店长学习合法经营之道》
定价： 78.00 元

《让食品网店销售额增加 10 倍的技巧》
定价： 68.00 元

《让顾客不请自来！ 卖场打造 84 法则》
定价： 68.00 元

《有趣就畅销！ 商品陈列 99 法则》
定价： 68.00 元

《成为区域旺店第一步——竞争店调查》
定价： 68.00 元

《餐饮店如何打造获利菜单》
定价： 68.00 元

《日本家具 & 家居零售巨头 NITORI 的成功五原则》
定价： 58.00 元

《咖啡店卖的并不是咖啡》
定价： 68.00 元

《革新餐饮业态： 胡椒厨房创始人的突破之道》
定价： 58.00 元

《餐饮店简单改换门面， 就能增加新顾客》
定价： 68.00 元

《让 POP 会讲故事， 商品就能卖得好》
定价： 68.00 元

《经营自有品牌： 来自欧美市场的实践与调查》
定价： 78.00 元

《卖场数据化经营》
定价： 58.00 元

《超市店长工作术》
定价： 58.00 元

《习惯购买的力量》
定价： 68.00 元

《7-ELEVEn 的订货力》
定价： 58.00 元

《与零售巨头亚马逊共生》
定价： 58.00 元

《下一代零售连锁的 7 个经营思路》
定价： 68.00 元

《唤起感动： 丽思卡尔顿酒店 "不可思议" 的服务》
定价： 58.00 元

《7-ELEVEn 物流秘籍》
定价： 68.00 元

《价格坚挺， 精品超市的经营秘诀》
定价： 58.00 元

《超市转型： 做顾客的饮食生活规划师》
定价： 68.00 元

《连锁店商品开发》
定价： 68.00 元

《顾客爱吃才畅销》
定价： 58.00 元

《便利店差异化经营——罗森》
定价： 68.00 元

《餐饮营销 1： 创造回头客的 35 个开关》
定价： 68.00 元

《餐饮营销 2： 让顾客口口相传的 35 个开关》
定价： 68.00 元

《餐饮营销 3： 让顾客感动的小餐饮店"纪念日营销"》
定价： 68.00 元

《餐饮营销 4： 打造顾客支持型餐饮店 7 步骤》
定价： 68.00 元

《餐饮营销 5： 让餐饮店坐满女顾客的色彩营销》
定价： 68.00 元

《餐饮创业实战 1： 来， 开家小小
餐饮店》
定价： 68.00 元

《餐饮创业实战 2： 小投资、 低风
险开店开业教科书》
定价： 88.00 元

《餐饮创业实战 3： 人气旺店是这样
做成的！》
定价： 68.00 元

《餐饮创业实战 4： 三个菜品就能打
造一家旺店》
定价： 68.00 元

《餐饮创业实战 5： 做好"外卖"
更赚钱》
定价： 68.00 元

《餐饮创业实战 6： 喜气的店客常
来， 快乐的人福必至》
定价： 68.00 元

《丽思卡尔顿酒店的不传之秘： 超越
服务的瞬间》
定价： 58.00 元

《丽思卡尔顿酒店的不传之秘： 纽带
诞生的瞬间》
定价： 58.00 元

《丽思卡尔顿酒店的不传之秘： 抓住人心的服务实践手册》

定价： 58.00 元

《廉价王： 我的"唐吉诃德"人生》

定价： 68.00 元

《7-ELEVEn 一号店： 生意兴隆的秘密》

定价： 58.00 元

更多本系列精品图书，敬请期待！